D1870625

Matthias Kamann

Gott liebt die störrischen Esel

Matthias Kamann, geboren 1961 als jüngstes von sechs Kindern eines evangelischen Pfarrers im Hochsauerland, studierte Germanistik und Volkskunde und promovierte über die Kraft epigonaler Nachahmung in der deutschen Literatur des 19. Jahrhunderts. Nach journalistischen Stationen beim Hessischen Rundfunk und dem „Magazin" der „Frankfurter Allgemeinen Zeitung" kam er 1999 nach Berlin zur „Welt", wo er heute als Politikredakteur unter anderem über die evangelische Kirche und Bioethik schreibt. 2009 erschien sein Buch „Todeskämpfe. Die Politik des Jenseits und der Streit um Sterbehilfe" (transcript).

Bibliografische Information der Deutschen Nationalbibliothek. Die Deutsche Nationalbibliothek verzeichnet diese Publikation in der Deutschen Nationalbibliografie; detaillierte bibliografische Daten sind im Internet über http://dnb.d-nb.de abrufbar.

Lektorat Elke Rutzenhöfer

Schlussredaktion Constanze Grimm

Umschlagillustration Carolin Löbbert

Gestaltung Kristin Kamprad,
Hansisches Druck- und Verlagshaus GmbH

Druck und Bindung CPI – Clausen & Bosse GmbH, Leck

© Hansisches Druck- und Verlagshaus GmbH,
Frankfurt am Main 2014
Alle Rechte vorbehalten. Das Werk einschließlich seiner Teile ist urheberrechtlich geschützt. Jede Nutzung außerhalb der Grenzen des Urheberrechts ist ohne schriftliche Einwilligung des Verlags unzulässig.

ISBN 978-3-86921-266-1

Gott liebt die störrischen Esel

Weihnachtskommentare

Matthias Kamann

edition chrismon

Inhalt

Gott liebt die störrischen Esel

Einleitung

Gott liebt die störrischen Esel

Über die Bibel zu sprechen, fällt wieder leichter. Zumal an den Weihnachtstagen, wenn aus Predigten inspirierende Gedanken hängen geblieben sind. Oder wenn Gedanken den Predigten fehlten und erst entwickelt werden müssen. Dann drauflosreden, ist kein Problem mehr. Einfacher ist es auch unterm Jahr geworden. Etwa wenn Freunde oder Kolleginnen und Kollegen der „Welt“ mich auf biblische Texte ansprechen, von mir darauf angesprochen werden. Nie fragen wir einander, was man glauben soll. Stattdessen reden wir darüber, was in den Texten steht, was in welcher Form zusammenpassen könnte, wo es Widersprüche gibt. Stets sind wir guter Dinge, aufmerkend, ohne Eifer, frei von Zorn bei Meinungsverschiedenheiten, zufrieden wie all jene, die Bälle werfen und fangen. Über die Bibel mit vernünftigen Leuten zu reden – wie „gläubig" oder „nicht gläubig" sie sein mögen –, beginnt erfreulich zu werden.

Wieder stärker entfalten, so will es scheinen, können sich einige wohltuende Kräfte biblischer Texte. Etwa die, dass ihre Würde uns zu einem Respekt verhilft, der anderen Diskussionen in Zeiten schneller Erregung oft fehlt. Möglicherweise tut es gut und wird bewusst gesucht, dass die Bibel uns in Achtsamkeit versetzt, gegenüber den Texten und den Gesprächspartnern. Denkbar ebenfalls, dass neuerlich zur Geltung kommt, was einst Erbauung hieß. Möglicherweise wird die besondere metaphorische Kraft biblischer Texte geschätzt.

Sofern Ironie im Spiel ist: Dass ein Gespräch über die Bibel wieder erfreulich ist, verdanken wir der selbstverständlich gewordenen Distanz gegenüber religiösen Wahrheitsansprüchen. Wen triebe noch der Furor biblizistischer Unerbittlichkeit? Wer wollte noch unumstößliche Lebensregeln, seien es sexualethische, politische oder therapeutische, aus der Bibel destillieren? Aber auch: Wer hätte noch den Furor schroffer Ablehnung nötig? Weil wir längst verinnerlicht haben und stets mitdenken, dass die Bibeltexte willkürlich gemachte sind, können wir uns den unwillkürlichen Bewegungen überlassen, zu denen sie das Gemüt anregen. So tritt an die Stelle zersetzender Ironie eine romantische Ironie. Diese drängt es zum Lesen und Wiederentdecken.

Aus solchen Überlegungen und Erfahrungen entstand im Herbst 2013 die Idee, auf welt.de in einer Kolumne einige Weihnachtsgeschichten und -figuren zu analysieren, durchaus angelehnt ans Schweifen des Gesprächs. Diese Reihe mit freundlicher Genehmigung meines Arbeitgebers Axel Springer SE zu einem Buch zu erweitern, eröffnete weitere Chancen. Jetzt lässt sich der ganze Komplex biblischer Weihnachtserzählungen in den Blick nehmen und in größere Zusammenhänge stellen. Letzteres, so zeigte sich beim Schreiben, ist geradezu unausweichlich: Vielleicht ist die Krippe so klein nur, sind die biblischen Weihnachtstexte so frappierend kurz nur, damit der Zwang entsteht, ständig zurück ins Alte Testament zu sehen, nach vorn zu Kreuzigung und Auferstehung. So wurde die Arbeit an diesem Buch zu einer Übung in Bibellektüre. Zu einer Übung somit in Protestantismus. Ich selbst habe die Bibel zu lesen.

Ist aber diese Lektüre erst wieder möglich dank einer stets mitlaufenden Skepsis, so wird, was sich beim Lesen an Bewusstsein von christlichem Glauben bildet, auch immer von Skepsis erfüllt sein. Diese ist notwendig, nicht irgendwann abzuschütteln. Daher ist dieses Buch nicht vorläufig. Gewiss zwar, das ist es insofern, als sich vieles sehr viel präziser, differenzierter beschreiben und interpretieren ließe. Vorläufig ist es aber nicht im Sinne eines ersten Schrittes auf dem Weg zu einem „richtigen" Glauben. Ich sehe nicht jenseits dieses Buches ein Ziel, zu dem ich mich schreibend auf den Weg begeben hätte oder gar die Leser führen wollte. Wo

„Ich muss nicht hinter biblischen Texten etwas fantasieren, keinen historischen Kern, keine höheren Wahrheiten."

sollte so ein Ziel denn liegen, wie sähe es aus? Dieses Buch ist keine Hinführung zu einer „eigentlichen" Botschaft, „Weihnachtsbotschaft", weder zu einer dogmatisch-christologischen noch zu einer sozialdiakonischen oder politischen.

Wenn ich aber mir selbst nicht den Zwang auferlegen will, ein Glaubensziel zu erreichen, dann brauche ich das auch nicht den biblischen Texten zuzumuten. Ich muss nicht hinter jenen Texten etwas fantasieren, keinen historischen Kern, keine höheren Wahrheiten. Das wiederum heißt, dass ich nicht gegen die Texte ankämpfen muss. Damit ich irgendwann hätte, worauf Verlass wäre. Nach Verlass auf Eindeutigkeiten steht mir gar nicht der Sinn. Vollauf zufrieden bin ich mit den Texten, wie sie sind und wie sie sich mir in der Lektüre erschließen.

Solcherart den Glauben ausschließlich im skeptisch interpretierenden Nachvollzug des Erzählten zu thematisieren, dürfte den Texten entsprechen. Denn sie erzählen von einem Gott, dem zumal von Weihnachten an daran gelegen ist, nicht jenseits des Erzählbaren zu stehen, sondern in diesem selbst sich aufzuhalten und zu erkennen zu geben. Indem er Mensch wird, sich der Menschenwelt überlässt, ihren Figuren und Geschichten. Daher dürfte es auch den religiösen Intentionen dieser Texte nicht zuwiderlaufen, sich weitgehend ihnen zu überlassen, ihre Figurenkonstellationen nachzuzeichnen, ihre Metaphern auszudeuten, einzelne Gedankengänge zu verfolgen und auch die offenkundigen Widersprüche zu thematisieren.

Wer auf diese Weise die Texte liest, erkennt schnell, wie oft und intensiv die Weihnachtsgeschichten von erstarkendem Selbstbewusstsein der Menschen handeln. Das kann auch gar nicht anders sein, wenn Gott selbst Mensch wird. Da müssen die Menschen an Stärke gewinnen. Sie verlieren die Angst vor den Engeln, entdecken die Kraft ihrer Genealogie, entwickeln revolutionäres Pathos. Großer Eigensinn regt sich und wird geachtet. Bei Johannes dem Täufer, bei Josef, bei den Hirten. Vor befreiten Individuen, zu ihnen gehören die Heiligen Drei Könige, öffnen sich neue Wege in die Welt. Indem die Bibel auf diese Weise von Individuen erzählt, ermuntert sie dazu, die Texte in beherztem Individualismus zu lesen und über diese Lektüre individuell zu sprechen. Weil ich solche Gespräche am liebsten mit meiner Frau Friederike und meiner Tochter Marie führe, widme ich ihnen dieses Buch.

Der Niedergang der Engel

Obwohl himmlische Heerscharen bei Jesu Geburt große Auftritte haben, kommt es auf sie nicht mehr an. Die Menschen sind Gott wichtiger.

Dass man sich in der Advents- und Weihnachtszeit überall Engel hinstellt, ist kein Kitsch, sondern der Bibel angemessen. Denn an den Engeln lässt sich erkennen, was Jesu Geburt bedeutet. Nämlich, dass sie für Engel nichts Gutes bedeutet. Sie rutschen in der himmlischen Hierarchie nach unten. Das bekunden sie auch selbst: „Fürchte dich nicht", sagt der Engel, als er Maria verkündigt, dass sie den Heiland gebären wird. Genauso jener Engel, der den Hirten bei Bethlehem die Geburt mitteilt: „Fürchtet euch nicht." Menschen müssen vor Engeln keine Angst mehr haben.

Das versteht sich aus Sicht der Engel keineswegs von selbst. Im Alten Testament treten sie – bei aller Hilfe, die sie dort leisten – den Menschen ausgesprochen respektgebietend gegenüber. Sie sind zum Fürchten. Als sie Jesaja zum Propheten berufen (Jes 6), beben „die Schwellen von der Stimme ihres Rufens". Mit einer Zange nimmt alsdann ein Serafim „eine glühende Kohle vom Altar", um damit den Mund des Jesaja zu berühren und für das prophetische Sprechen zu befähigen. An anderer Stelle (2. Sam 24) streckt ein Engel gar seine Hand aus „über Jerusalem, um es zu verderben".

Doch als Gottes Sohn kommt, beginnt für die Engel eine Zeit, in der sie ihr Autoritäts- und Gewaltpotenzial nicht mehr ausspielen dürfen. Jesus selbst lässt das einmal anklingen. Als er vor der Kreuzigung gefangen genommen wird und Petrus ihn mit dem Schwert heraushauen will, ruft Jesus den Jünger zum Gewaltverzicht auf und begründet dies so: „Oder meinst du, ich könnte meinen Vater nicht bitten, dass er mir sogleich mehr als zwölf Legionen Engel schickte?" (Mt 26,53). Aber genau das macht Jesus nicht. Er bittet nicht um die Engelsarmee.

Die würde ihm Gott sowieso nicht schicken. Nur wenige Stunden zuvor, im Garten Gethsemane, hat Jesus einsehen müssen, dass Gott solche Bitten nicht mehr erfüllt. Dreimal hat Jesus seinen Vater gefragt, ob es denn möglich wäre, „dass dieser Kelch an mir vorübergehe“ (Mt 26,42). Nein, das ist nicht möglich. Jesus muss schutz- und hilflos leiden, sterben. Insofern verzichtet Jesus während der Gefangennahme nicht freiwillig auf die Engelsarmee. Vielmehr hat Gott ihm das verordnet. Denn Gott will sich jetzt ganz den Gesetzmäßigkeiten der Menschenwelt unterwerfen, auch wenn dies den Tod seines Sohnes bedeutet. Diese Auslieferung Gottes an die Menschen hat zur Folge, dass die Engel nicht mehr zeigen dürfen, was sie können.

Für die Engel ist das eine Degradierung. Zwar bleibt ihre Stärke bestehen. Aber die ignoriert Gott, wenn er sich in Jesus den Menschen überlässt, welche schwächer sind als die Engel. Weil nun diese Menschen von den Engeln nicht mehr behelligt werden dürfen, haben die Menschen freie Hand, den Sohn Gottes zum Schwächsten der Schwachen zu machen. Damit jedoch wird Jesus so sehr aufgewertet, dass er zum Stärksten wird, auch zum Vorgesetzten der Engel. Jesus sei „so viel höher geworden als die Engel, wie der Name, den er ererbt hat, höher ist als ihr Name“, heißt es im Hebräerbrief (Hebr 1,4) – wozu es aber gekommen sei, nachdem Gott den Erlöser eine Zeit lang hat „niedriger sein lassen als die Engel“ (Hebr 2,7), während seines Erdenlebens und zumal seines Leidens und Sterbens. Mit der Auferstehung indes, aus jener Tiefe heraus, hat Gott seinem Sohn „alles unter die Füße getan“ (Hebr 2,8). „Denn nicht den Engeln hat er untertan gemacht die zukünftige Welt“ (Hebr 2,5).

Für die Engel wird es aber noch schlimmer. Sie stehen nach Jesu Tod und Auferstehung auch unter den Menschen. Jedenfalls unter den Christen. Paulus schreibt an die Gemeinde in Korinth (1. Kor 6,3): „Wisst ihr nicht, dass wir über Engel richten werden?“ Ein spektakulärer Satz: Christen sind den Engeln so überlegen, dass diese dereinst unter die Gerichtsbarkeit der Menschen fallen.

Künstler haben früh bemerkt, dass mit dem Kommen Jesu die Unterordnung der Engel unter die Menschen beginnt. Auf vielen Renaissance-Gemälden wird die Verkündigungsszene so dargestellt, dass der Engel zwar mit großem Schwung zu Maria hereinrauscht, aber den Kopf demütig gesenkt hält. Weil der Engel hier der Unterlegene ist.

Dass dies die Engel schon lange sorgenvoll haben kommen sehen, malte sich Thomas Mann im Roman „Joseph und seine Brüder“ für die alttestamentliche Zeit aus. Thomas Mann lässt dort die Engel die Nasen darüber rümpfen, dass Gott ans Geschlecht der Menschen, „eben weil es eine unleugbare Fehlschöpfung war, in ehrwürdigem Eigensinn noch ganz besonders sein Herz hängte und ihm eine alle Himmel verletzende Angelegentlichkeit zuwandte". In diesem Verdacht, dass Gott in seiner Liebe zu den Menschen maßlos werden und die stolzen Engel zurücksetzen könnte – in diesem Verdacht sehen sich die Engel bei Thomas

„Maria verlangt Erläuterungen, will aufgeklärt werden über eine Schwangerschaft, der kein Geschlechtsakt vorangegangen ist."

Mann gerade dadurch bestärkt, dass Gott die Menschen hin und wieder straft. Die gekränkten Engel vermuten, ja, sind sich sicher, dass Gott gegenüber den Menschen „die Strafe als Mittel zu weiterer Erhöhung und Begünstigung missbrauchte".

Wie es im Neuen Testament um die Verhältnisse zwischen Gott, den Engeln und den Menschen bestellt ist, lässt sich in jener Verkündigungsszene mit Maria und dem Engel erkennen (Lk 1,26–38). Das Erste, was Maria dort vom Engel zu hören bekommt, ist ein

Lobpreis auf die menschliche Frau: „Sei gegrüßt, du Begnadete! Der Herr ist mit dir!“ Noch viel plastischer wird die Hochachtung in der ursprünglichen Übersetzung Martin Luthers von 1545. Da wird Maria vom Engel als „Gebenedeiete“ und „Holdselige“ angesprochen. Sie sei die „hochgelobte unter den Weibern“, die den „Sohn des Höchsten“ gebären werde.

Was aber macht Maria? Sie verlangt Erläuterungen, will aufgeklärt werden über eine Schwangerschaft, der kein Geschlechtsakt vorangegangen ist: „Wie soll das zugehen“, fragt sie, „da ich doch von keinem Mann weiß?“ Das Göttliche versteht sich für sie nicht von selbst, sondern ist erklärungsbedürftig, ja, erklärungspflichtig gegenüber den Menschen.

Der Engel gerät in Erklärungsnöte. „Der Heilige Geist wird über dich kommen“, sagt er wolkig, „und die Kraft des Höchsten wird dich überschatten.“ Als merke er selbst, dass dies keine plausible Erläuterung der Jungfrauenschwangerschaft ist, greift er zu einer weiteren argumentativen Krücke, zu einem halbwegs analogen Beispiel. Er verweist auf Marias Verwandte Elisabeth, die kurz zuvor im Greisenalter schwanger geworden sei – mit Johannes dem Täufer, auf natürlichem Zeugungswege –, woran sich zeige, dass Gott „kein Ding unmöglich“ sei. Nun ja.

Doch sollte man bei diesen Stichworten „Elisabeth" und „Johannes der Täufer" noch einmal auf Jesaja zurückblicken. Von ihm aus und dann anlässlich von Johannes dem Täufer lässt sich der Prozess der Veränderungen im Verhältnis zwischen Engeln und Menschen nachvollziehen. Zunächst wie gesehen Jesaja: Seine Berufung zum Propheten ereignet sich im Tempel zwischen ihm und den Engeln, wobei Jesaja passiv ist und der Serafim ihn der göttlichen Gnade und Befähigung durch eine drastische Handlung anteilig werden lässt. Der Engel legt eine glühende Kohle auf Jesajas Lippen. So heiß ist die Kohle, dass der Engel sie mit einer Zange anfasst, um sich nicht die Finger zu verbrennen.

Weiter zu Johannes dem Täufer, der im Neuen Testament als prophetische Figur interpretiert wird – auch wenn dies, was später zu thematisieren sein wird, nicht funktioniert. Hier aber sei die angeblich prophetische, auf den Messias vorausdeutende Funktion von Johannes ernstgenommen, eine Funktion, die als alttestamentlich gelten kann. Entsprechend bezieht sich das Neue Testament, als es die Einsetzung des Johannes darstellt, zurück aufs Alte, genau auf jene Jesaja-Stelle. Wie dort sind wir bei Johannes wieder im Tempel und begegnen abermals einem Engel. Der tritt zum Vater des Johannes, dem Tempelpriester Zacharias, und kündigt diesem an, dass seine Frau Elisabeth den prophetischen Johannes gebären werde (Lk 1). Auch wenn diese Szene nur indirekt von Johannes handelt – er ist noch nicht geboren, hier tritt nur sein Vater auf –, hat sie den Charakter einer Berufungsszene, weil dem Zacharias alles gesagt wird, was Johannes später zu tun haben wird: „zu bekehren die Herzen der Väter zu den Kindern und die Ungehorsamen zu der Klugheit der Gerechten, zuzurichten dem Herrn ein Volk, das wohl vorbereitet ist".

Doch so nett der Engel dies sagt, so ruppig wird er, als Zacharias nachfragt. Dazu hat Zacharias allen Grund, weil er und seine Frau Elisabeth „hochbetagt" sind und bisher keine Kinder bekommen konnten. Zacharias formuliert seine Verständnisschwierigkeiten ganz vorsichtig: „Woran soll ich das erkennen? Denn ich bin alt und meine Frau ist betagt." Er fragt also nicht ungläubig, wie das funktionieren soll und ob das überhaupt gehe, sondern nur, ob er einen sichtbaren Hinweis auf das Geschehen bekommen könne. Eine echte Frage ist das gar nicht, weil sichtbare Erkennungszeichen für Schwangerschaften sich von selbst herausbilden. Insofern muss die überflüssige Frage als Zeichen von Zacharias' Unsicherheit gelten, und die ist hier absolut verzeihlich.

Aber der Engel reagiert schroff. „Ich bin Gabriel, der vor Gott steht, und bin gesandt, mit dir zu reden und dir dies zu verkündigen. Und siehe, du wirst stumm werden und nicht reden können bis zu dem Tag, an dem dies geschehen wird, weil du meinen Worten nicht geglaubt hast, die erfüllt werden sollen zu ihrer Zeit." Dies ist eine Spiegelung der Szene mit Jesaja. Dem werden die prophetischen Lippen durch die gewaltsame Handlung mit der glühenden Kohle geöffnet. Dem Vater des Propheten im Neuen Testament, dem Zacharias, wird der Mund gewaltsam verschlossen, weil Zacharias nicht sofort versteht und bejaht, dass er auf seine alten Tage einen Sohn zeugen soll, dessen Lippen prophetisch aufgetan werden.

Was die Engel in beiden Szenen betrifft, so könnte man sagen, die seien beide gleich. Gleich unsanft. Aber Gabriel im Neuen Testament wird erst ruppig, nachdem er bei Zacharias so etwas wie Zweifel gehört zu haben glaubte. Zuvor war Gabriel sehr freundlich: „Fürchte dich nicht." Bei Jesaja hingegen waren die Engel von Anfang an furchteinflößend und ließen sich erst gar nicht auf eine Diskussion ein. Daher kann man die Zacharias-Szene als Moment des Übergangs lesen. Der Engel kommt im neuen Nettigkeitsauftrag, hält sich auch daran, fällt aber ins Autoritätsmuster zurück, als Zacharias begriffsstutzig ist.

Doch bei Maria kurze Zeit später bleibt der Engel dem neuen Nettigkeitsauftrag konsequent treu, obwohl Maria wesentlich kritischer fragt als Zacharias. Während dieser nur ein Erkennungszeichen für den

„Als erläuternder Vermittler zwischen Gott und den Menschen wird der Engel nicht mehr gebraucht.“

geheimnisvollen Vorgang sucht, stellt die freche Maria den Vorgang infrage: „Wie soll das zugehen, da ich doch von keinem Mann weiß?“ Maria nimmt sich viel mehr heraus als Zacharias – und kommt damit durch. Der Engel tut ihr nichts, der Engel schilt sie nicht, sondern versucht ihr irgendwie zu erklären, was er selbst nicht versteht. Daher haben Christen Grund, Maria in besonderer Weise zu verehren. Denn vor ihr und ihrer kecken Frage kapituliert der Engel so, wie er und seinesgleichen es wegen der Ankunft des Menschensohns künftig stets gegenüber den Menschen tun müssen.

Konkreter Ausdruck der Kapitulation in der Verkündigungsszene ist das Herumdrucksen des Engels bei der Schwangerschaftserklärung. Wie Maria zum Kinde kommt, bleibt in der Bibel unklar. Lukas macht es so wenig verständlich wie Matthäus in der Parallelstelle (Mt 1,18 ff.). Dort bei Matthäus erfährt man im ersten Kapitel, dass Maria dem Josef als Frau versprochen war und es sich vor der Hochzeit „fand, dass sie schwanger war von dem Heiligen Geist“. Sicher ist nur, dass Josef nicht der leibliche Vater ist. Eine reproduktionsmedizinische Diagnose liefert die Bibel nicht. Deshalb wäre es textferner Unfug, sich mit Ohrgeburten oder anderen Verrenkungen den Ablauf einer Jungfrauenschwangerschaft auszumalen. Es gibt auch keinen Hinweis darauf, dass Maria mit einem anderen Mann geschlafen hätte. Auszugehen ist lediglich davon, dass sie auf natürlichem Wege weitere Kinder empfing und gebar. Jesus hat Geschwister, bei denen vom Heiligen Geist keine Rede ist.

Dass hingegen die Schwangerschaft mit Jesus nicht plausibel gemacht wird, gibt Maria dem Engel deutlich zu verstehen. Nachdem dieser den Heiligen Geist beschworen und auf Elisabeth verwiesen hat, sagt Maria nicht etwa, aha, jetzt hätte sie's verstanden. Vielmehr lässt sie die Erläuterungsbemühungen des Engels auf sich beruhen, übergeht diese und antwortet: „Ich bin des Herrn Magd; mir geschehe, wie du gesagt hast.“ Benötigt wird der Engel von Maria hier nur als Bote, der mitteilen muss, was Gott bei Maria geschehen lassen will. Als erläuternder Vermittler zwischen Gott und den Menschen wird der Engel nicht mehr gebraucht. Er überbringt nur die Nachricht, die jetzt ganz allein Maria betrifft, im unmittelbaren Kontakt zu Gott, am Engel vorbei.

Dem Engel ist eine randständige Funktion auch dann zu bescheinigen, wenn man die Jungfrauengeburt nicht unter gynäkologischen Gesichtspunkten betrachtet, sondern unter hoheitlichen. Dass ein außergewöhnliches Kind direkt von Gott gezeugt werde, ist eine in alten Kulturen nicht seltene Vorstellung, die Bibel ist kein Einzelfall. Keinen menschlich-leiblichen Vater zu haben, erschien einst als Zeichen besonderer Hoheit und Erwählung, als ein Titel, an dessen Herrlichkeit auch die Mutter des Kindes teilhat. In der Bibel ist es Gott, der diesen Titel verleiht. Der Engel überbringt Maria die Urkunde und ist der Erste, der die Hohe Frau gleichsam von unten her anzusprechen hat als „Begnadete“, der von Gott ohne Zutun der Engel Ehre verliehen wurde.

Damit wird die Verkündigungsszene zum Gegenstück der Vertreibung aus dem Paradies. Dort (1. Mose 3,24) treibt Gott „den Menschen hinaus und ließ lagern vor dem Garten Eden die Cherubim mit dem flammenden, blitzenden Schwert, zu bewachen den Weg zu dem Baum des Lebens". Engel als Kontrollposten. Sie versperren den Weg zu Gott. Doch jetzt, in der Verkündigungsszene, überbringt der Engel nicht nur die Botschaft von der Aufhebung der Sperre, sondern muss auch schon nicht mehr zwischen Gott und den Menschen vermitteln. Nein, Maria und Gott machen das unter sich ab, mit dem Endeffekt, dass die Engel uns wieder zu Gott hineinlassen müssen, weil der uns die Sünden vergeben und uns damit über die Engel stellen will.

Veranschaulicht wird all dies von zwei Engelchen, die wie kaum sonst etwas zu Weihnachten zu gehören scheinen. Gemeint sind jene zwei Putti, die sehnsüchtig nach oben schauen und von Servietten über Schokoladetafeln bis zu Geschenkverpackungen wohl schon so ziemlich alles Feiertagszubehör geschmückt haben. Gemalt hat sie Raffael – Sixtinische Madonna (1512/13) –, und bewundern lässt er sie Maria mit dem Jesuskind sowie Papst Sixtus II. und die Heilige Barbara. Menschen, die über Engeln stehen. Die beiden Putti sind die ideale Weihnachtsdekoration.

Gott liebt die störrischen Esel

Die lauten Tiere erfreuen sich in der Bibel großer Wertschätzung. Auch Weihnachten sind sie präsent. Jesus belohnt sie mit dem Zeichen des Kreuzes.

Da zeigt sich wahre Größe: Eseln ist es nicht wichtig, immer eigens erwähnt zu werden. In den biblischen Weihnachtsgeschichten steht kein Wort über Esel. Weil klar ist, dass damals ohne sie nichts ging. Als Josef mit Maria von Nazareth nach Bethlehem zog, dürfte ein Esel die Hochschwangere getragen haben. An der Futterkrippe im Stall, wo der Säugling liegt, werden Esel zum Inventar gehört haben. Die Flucht der Heiligen Familie nach Ägypten – um das Kind vor den Mordplänen des Herodes in Sicherheit zu bringen – ist ohne ein solches Tier ebenfalls nicht denkbar.

Darum haben Künstler sehr früh begonnen, die Esel in den Gemälden weihnachtlicher Motive unterzubringen. Auch als Krippenfiguren sind Esel fest etabliert. Doch weder bei Lukas noch bei Matthäus wird die Anwesenheit eines solchen Tieres rund um Jesu Geburt vermerkt. Esel haben es aber nicht nötig, ihre langen Ohren dauernd beschrieben zu bekommen. Denn die Bibel bringt ihnen ohnehin große Wertschätzung entgegen. Dem Volk Israel werden die Tiere zum Vorbild gesetzt. Ein Esel kennt, so heißt es bei Jesaja, „die Krippe seines Herrn". Israel hingegen kenne und verstehe das Gute nicht, das Gott dem Volke tut (Jes 1,3).

Als vorbildlich erweist sich der Esel auch in jener so munteren wie weisen Geschichte, die im Alten Testament über Bileam erzählt wird. Das 4. Buch Mose berichtet in Kapitel 22, dass dieser Bileam, ein Seher, im Auftrag des moabitischen Königs die heranziehenden Israeliten verfluchen soll. Bileam will zunächst nicht. Dann aber lässt er sich überreden und reitet auf einer Eselin den Israeliten entgegen.

Gott jedoch gefällt dieser Verfluchungsplan nicht. Deshalb schickt er einen Engel, der Bileam aufhalten soll. Es ist die Zeit, in der die Engel den Menschen noch machtvoll gegenübertreten. Während nun Bileam das Herannahen des Engels gar nicht bemerkt, erkennt die Eselin sofort die Gefahr: „Die Eselin sah den Engel des Herren auf dem Wege stehen mit einem bloßen Schwert in seiner Hand. Und die Eselin wich vom Weg ab und ging auf dem Felde." Kluges Tier!

Was aber macht Bileam? Er schlägt die Eselin, „um sie wieder auf den Weg zu bringen".

Neuerlich kommt der Engel. Abermals weicht die Eselin aus, dieses Mal, indem sie sich eng an eine Mauer drängt, wobei jedoch Bileams Fuß eingeklemmt wird. Die Folge: „Er schlug sie noch mehr."

Beim dritten Mal stellt sich der Engel „an eine enge Stelle, wo kein Platz mehr war auszuweichen". Sofort begreift die Stute, dass da nichts zu machen ist. Sie bleibt stehen und geht „in die Knie unter Bileam". Der aber wird wütend. „Und er schlug die Eselin mit dem Stecken."

Jetzt reicht's der Eselin. Mit Gottes Hilfe tut sich ihr Mund auf, und sie spricht zu Bileam: „Was hab ich dir getan, dass du mich nun dreimal geschlagen hast?" Eine weitere Frage fügt sie an, und die zeugt von höchstem tierethischen Gerechtigkeitsbewusstsein: „War es je meine Art, es so mit dir zu treiben?" Bileam kleinlaut: „Nein."

Sodann muss sich Bileam vom Engel darüber belehren lassen, wer hier den Sinn fürs Wesentliche hat und vor Gott zu bestehen vermag: „Die Eselin“, so der Engel, „hat mich gesehen und ist mir dreimal ausgewichen. Sonst, wenn sie mir nicht ausgewichen wäre, so hätte ich dich jetzt getötet, aber die Eselin am Leben gelassen.“

Die Wertschätzung also, die in der Bibel den Eseln entgegengebracht wird, scheint nicht zuletzt darin begründet zu sein, dass Esel einen Blick fürs Wesentliche haben. Daher ist es kein Wunder, dass diese Tiere im Alten Testament dazu ausersehen werden, eine besonders wesentliche Gestalt zu tragen, einen Auserwählten Gottes. Dieser König, „ein Gerechter und ein Helfer“, wie es bei Sacharja (9,9) heißt, „reitet auf einem Esel“. Ausdrücklich betont wird dabei, dass dies eine Degradierung bedeutet für die kriegstauglichen Verwandten der Esel, die Pferde. „Wegtun“ werde Gott „die Rosse aus Jerusalem“.

Jesus, sich in diese Weissagung stellend, handelt entsprechend. Beim Einzug in Jerusalem, zu Beginn seines Erlösungswerkes in der Passion, reitet Jesus auf einem Esel in die Stadt. Mitten im Bild also ist das Tier beim Triumphzug des Messias. Zum Dank für den Tragedienst, so will es der Volksglaube, schenkte der Heiland den Eseln sein Siegeszeichen, das des Kreuzes. Esel tragen auf dem Fell den sogenannten Aalstrich, der genaugenommen aus zwei langen schwarzen Strichen besteht. Der eine zieht sich vom Hals bis fast zum Schwanzansatz über den ganzen Rücken, während der andere, im rechten Winkel dazu, vom einen Vorderbein zum andern quer über den Rücken verläuft. Wer das von oben betrachtet, sieht ein Kreuz. Die höchste Auszeichnung, die das Christentum zu vergeben hat.

Doch zurück zum Einzug in Jerusalem. Bevor der stattfindet, noch auf dem Land vor den Mauern der Stadt, sagt Jesus Worte, in denen man erahnen kann, was Esel auch charakterlich für das Christentum interessant macht. „Und als sie in die Nähe von Jerusalem kamen, sandte er zwei seiner Jünger und sprach zu ihnen: Geht hin in das Dorf, das vor euch liegt. Und sobald ihr hineinkommt, werdet ihr ein Füllen ange-

„Esel gelten nicht nur als belastbar, sondern auch als dämonisch. Zugleich umweht sie Melancholie, wie sie da so unbeirrt in die Welt sehen.“

bunden finden, auf dem noch nie ein Mensch gesessen hat; bindet es los und führt es her“ (Mk 11,1 – 2). Dies lässt sich so verstehen, als schätze Jesus an den Eseln ihr schlichtes Da-Sein. Jesu Jünger können sich darauf verlassen, einen Esel einfach anzutreffen.

Offenbar kommt es bei den Eseln nicht auf bestimmte Werke an, mit denen sie sich auszeichnen – sie sind störrisch –, sondern auf Präsenz. Esel sind in freier Natur keine Fluchttiere, sondern trotzen Gefahren durchs Stehenbleiben. Anwesenheit als Lebensstrategie. Die Kulturwissenschaftlerin Jutta Person hat unlängst beschrieben, was wir über diese Tiere wissen und wie sie von uns Menschen gedeutet werden. Person zeigt zum einen, wie jene Tiere immer wieder als dumm und einfältig abqualifiziert wurden, zum andern, dass Esel durch Ambivalenz faszinieren. Die lauten Tiere, sexuell sehr aktiv und bei der Paarung ungestüm, gelten nicht nur als belastbar, sondern auch als dämonisch. Zugleich umweht sie Melancholie, wie sie da so unbeirrbar in die Welt sehen. Eigensinnig wirken sie, scheinen zu zaudern, sich nicht festlegen zu wollen. Sollen doch die anderen sich sofort entscheiden und lospreschen. Esel warten ab und halten sich die Optionen offen. Wie sagt der Esel in den „Bremer Stadtmusikanten“ zum Hahn? „Etwas Besseres als den Tod findest du überall.“ Indem die Esel zaudern, bleiben sie aufnahmefähig für das, was es sonst noch gibt in der Welt. Den Menschen überlassen sie sich

– anders als andere domestizierte Tiere – nicht zur Gänze. Die Haut und das Fell der Esel werden nur selten verwertet, ihre Milch und ihr Fleisch wurden nie zu Grundnahrungsmitteln. Ganz davon zu schweigen, dass sich Esel von den Menschen nicht in jene Freundschaftsbeziehungen zwängen lassen, in denen Hunde und Pferde an Eigensinn eingebüßt haben.

Genau diese Esel aber scheinen Gott und sein Sohn zu lieben. Der Heiland mag offenbar laute, sexuell aktive Wesen. Offenbar schätzt er es, wenn man zugleich zur Melancholie neigt, zögert, zaudert, statt felsenfest überzeugt loszugaloppieren. Was sich auch auf den Umgang mit biblischen Texten anwenden lässt: Gibt es wirklich nur eine Deutungsrichtung?

Wer solcherart abwartet, ist erst einmal einfach da, steht zur Verfügung. Ist präsent, um zu tragen. Die schwangere Mutter des Herrn. Den Heiland als Säugling auf dem Weg nach Ägypten. Den Erlöser in den Tagen vor seinem Kreuzestod. Präsent aber auch, um Jesus anzuschauen, wie er da in der Krippe liegt.

Heilsgeschichte wird gemacht

Jesu Stammbaum ist eine lange Liste des Geschlechtsverkehrs. Sie lehrt, wie Erwartung und Erfüllung zusammenhängen könnten.

Martin Luther scheint nicht richtig übersetzt zu haben. „Das Volk, das im Finstern wandelt, sieht ein großes Licht", lesen zur Weihnachtszeit die evangelischen Christen mit Luther in Jesaja 9,1, „und über denen, die da wohnen im finstern Lande, scheint es hell." Falsch daran dürfte sein, dass Luther das Präsens benutzt. Die meisten Alttestamentler neigen zu der Einschätzung – dies vermerkt in der heutigen Lutherbibel eine Fußnote –, dass der hebräische Urtext eher auf Vergangenes verweist. Dass da ein Licht ist und vom Volk gesehen wird, scheint sich bereits ereignet zu haben. Es geschieht nicht erst im gegenwärtigen Augenblick oder gar in der Zukunft.

Dem wird die nächste Ausgabe der Luther-Bibel wohl Rechnung tragen. Derzeit beschäftigen sich Theologen im Auftrag der Evangelischen Kirche in Deutschland mit einer „Durchsicht" der gegenwärtig verwendeten Fassung von 1984, und als sie im Herbst 2013 auf einer Konferenz in Rostock über ihre Arbeit diskutierten, zeichnete sich ab, dass Jesaja 9,1 geändert wird. Wenn zum Reformationsjubiläum 2017 eine neue Fassung der Luther-Bibel erscheint, dürfte ein großes Licht schon geschienen und das Volk es bereits gesehen haben.

Zugleich dürfte ein großes Wehklagen ausbrechen: Müssen diese Theologen mit ihren Spitzfindigkeiten den Gemeinden noch die letzten vertrauten Bibelsprüche kaputtmachen? Wo doch auch in Händels „Messias" die zu Weihnachten so gern gehörte Bass-Arie im Präsens steht und den Augenblick der Gegenwart bezeichnet: „Das Volk, das da wandelt im Dunkel, es sieht ein großes Licht", heißt es da. „Und die da wohnen im Schatten des Todes, ein strahlend Licht bescheinet sie." Händels „Messias", so werden viele behaupten, hat ja wohl mehr Gewicht als eine Rostocker Theologentagung!

Wenn's denn Händel wäre. Der zitierte Arien-Text ist bloß die deutsche Übertragung des ursprünglich englischen Textes von Händels „Messiah", der 1742 in Dublin uraufgeführt wurde. Was aber lesen wir im englischen Textbuch? „The people that walked in darkness have seen a great light. And they that dwell in the land of the shadow of death, upon them hath the light shined." Dreimal kein Präsens! Genau wie in der King James Bible von 1611, die als Vorlage des „Messiah"-Librettos diente und dem hebräischen Urtext schon damals gerecht wurde, indem sie in der Zeitform nicht den Moment der Gegenwart bezeichnete. Insofern muss man sich an die gedankliche Herausforderung gewöhnen – was Händels „Messiah" erleichtern mag –, dass Jesaja 9,1 eine Dimension des bereits Geschehenen hat.

Kein Problem, werden manche sagen, schließlich ist Jesus vor über 2000 Jahren geboren worden. Da versteht sich von selbst, dass das Licht bereits gesehen wurde. Doch so zu argumentieren, wird dem christlichen Weihnachtsfest nicht gerecht. Wer am 24. Dezember im Gottesdienst ist, zelebriert in liturgischer Wiederholung die Nacht von Jesu Geburt. In dieser Nacht lässt sich mitnichten sagen, das Licht habe bereits geschienen. Nein, wir tun an Weihnachten so, als komme das Licht erst jetzt. Da bereitet eine Zeitform, die Vergangenes einbezieht, große Probleme. Erst recht gilt dies für den Umgang mit Jesaja, dem Propheten des Alten Testaments. Warum sollte dessen Rede, lange vor Jesus formuliert, auf diesen mit einem Satz vorausweisen, in dem etwas bereits geschehen ist?

Oder ist bei Jesaja gar nicht Jesus gemeint? Manche vermuten, die Passage beziehe sich auf die Geburt des Königs Hiskia, eines gottergebenen, bei Jesaja beschriebenen Königs von Juda. Doch ob man tatsächlich an Hiskia zu denken hat, ist umstritten. Genauso, ob der Vers überhaupt in den Zusammenhang des Jesaja gehört. Mithin bewegt man sich in vielerlei Unklarheiten. Wer spricht? Wer ist gemeint? Ist der Gemeinte als messianische Figur gedacht? Ist dies eine Aussage über erst noch Entstehendes? Oder über bereits Eingetretenes?

Wie ein Brennglas bündelt Jesaja 9,1 somit all die Schwierigkeiten, die entstehen, wenn Christen das prophetische Sprechen des Alten Testaments auf Jesus hin organisieren. Jene prophetischen Texte haben ihre eigenen Vergangenheiten und Zukünfte, ihr eigenes Personal und ihre eigene Art, das Gewesene mit Gegenwärtigem und Kommendem im ekstatischen Sprechen zu verbinden. Dem kann nicht gerecht werden, wer eine lineare Zeitachse baut, auf der alles auf Jesus zuläuft. Doch wenn sich so nicht denken lässt, wenn also die Kategorien des Vorläufertums von Harrenden und Vorhersagenden nicht funktionieren – wie lässt sich dann mit jener alttestamentlichen Tradition umgehen, auf die sich das Neue Testament so oft bezieht?

Eine befriedigende Antwort gibt es nicht. Die Bibel ist keine in sich schlüssige Theorie und lässt sich in keiner Theorie plausibel vereinheitlichen. Zusammengesetzt aus widersprüchlichen Deutungen und Erzählungen, zwingt sie dazu, mit Unvereinbarkeiten zu leben. Prophetisches Sprechen des Alten Testaments lässt sich nicht logisch mit dem Gefühl der Christen verbinden, in Jesus erfülle sich das Geweissagte. Dass sie dies glauben, ist das eine, dass jene Weissagungen nicht für die Interpretation durch Christen gedacht waren, das andere. Gibt es somit keine Vereinheitlichungsmöglichkeit, kann man nur versuchen, willkürlich und immer aufs Neue einzelne Muster und Spuren zusammenzufügen, in denen sich Korrespondenzen und Analogien erkennen lassen. Hoffen lässt sich dabei allenfalls, dass solche Muster dazu inspirieren, Zusammenhänge neu zu denken. Ohne dass diese widerspruchsfrei sein oder die Widersprüche anderer

Muster auflösen könnten. Daher hilft es nicht aus dem Dilemma der fundamentalen Unplausibilität, wenn im Folgenden ein anderes Zeitverständnis nachgezeichnet wird, das aus dem Alten in das Neue Testament

„Da findet sich das Gegenteil von Anmaßung, nämlich Demut. Vollständig verzichtet der Verfasser darauf, jene Genealogie irgendwie zu gestalten."

hinüberleitet. Erkennbar werden kann dabei lediglich eine andere Möglichkeit – allerdings eine, mit der man auf große Schätze stößt.

Gemeint ist ein Text, der ebenfalls zu Weihnachten gehört, aber im Gegensatz zu Jesaja 9 in Gottesdiensten so gut wie nie gelesen wird. Es handelt sich um Jesu Ahnenreihe im ersten Kapitel des Matthäus-Evangeliums.

„Abraham zeugte Isaak. Isaak zeugte Jakob. Jakob zeugte Juda und seine Brüder. Juda zeugte Perez und Serach mit der Tamar. Perez zeugte Hezron. Hezron zeugte Ram. Ram zeugte…"

…nein, wir kürzen hier nicht ab, auch wenn es noch so verlockend sein mag, manchen fremden Namen zu überspringen – nein, diese Liste ist als Sprachform um ihrer selbst willen zu würdigen, also zurück zu Ram:

„Ram zeugte Amminadab. Amminadab zeugte Nachschon. Nachschon zeugte Salmon. Salmon zeugte Boas mit der Rahab. Boas zeugte Obed mit der Rut. Obed zeugte Isai. Isai zeugte den König David. David zeugte Salomo mit der Frau des Uria. Salomo zeugte Rehabeam. Rehabeam zeugte Abija. Abija zeugte Asa."

Gleich kommt eine Pause.

„Asa zeugte Joschafat. Joschafat zeugte Joram. Joram zeugte Usija. Usija zeugte Jotam. Jotam zeugte Ahas. Ahas zeugte Hiskia. Hiskia zeugte Manasse. Manasse zeugte Amon. Amon zeugte Josia. Josia zeugte Jojachin und seine Brüder um die Zeit der babylonischen Gefangenschaft."

Nach kurzem Verschnaufen in Babylon zeugte Jojachin „Schealtiël. Schealtiël zeugte Serubbabel. Serubbabel zeugte Abihud. Abihud zeugte Eljakim. Eljakim zeugte Asor. Asor zeugte Zadok. Zadok zeugte Achim. Achim zeugte Eliud. Eliud zeugte Eleasar. Eleasar zeugte Mattan. Mattan zeugte Jakob. Jakob zeugte Josef, den Mann der Maria, von der geboren ist Jesus, der da heißt Christus."

Selbstverständlich bekundet sich auch in dieser Liste ein problematisches Zeitverständnis. Mit erheblicher Willkür wird eine Ahnenreihe konstruiert, die den Christen dazu dient, ihren Heiland in den tiefsten Tiefen der jüdischen Geschichte zu verankern und zugleich deren höchste Höhenlinien auf Jesus zulaufen zu lassen. Das ist anmaßend. Es ist aber nur ein Aspekt. Ein ganz anderer bekundet sich in der Sprache. Da findet sich das Gegenteil von Anmaßung, nämlich Demut. Vollständig verzichtet der Verfasser darauf, jene Genealogie irgendwie zu gestalten. Nichts daran wird ausgeschmückt oder interpretiert. Keinem der Aufgelisteten wird eine Messias-Hoffnung, ein Vorläufer-Bewusstsein zugeschrieben. Stattdessen werden Namen einfach nur genannt. Wie der Erzähler hierbei seine Mittel reduziert, grenzt an Selbstabschaffung. Matthäus hat nichts hinzuzufügen. Dieser Text, der allererste im ersten Evangelium am Beginn des Neuen Testaments, ist eine reine Geste der Rückwendung. In völliger Hinnahmebereitschaft beugt sich Matthäus zurück zu dem, was war. Indem er ein Reihungsmuster mündlicher Rede wiederholt, reproduziert er sogar die Weise, auf die das Gewesene einst erzählt wurde. Der Evangelist dessen, der kommt, beginnt als einer, der erzählerisch nichts demjenigen hinzuzufügen weiß, was war.

Was aber war, ist Genealogie. Die orientiert sich einerseits nach vorn. Wer Kinder zeugt und gebiert, imaginiert und stiftet Zukunft. So geht es von den Ahnen zu uns, von Abraham zum Messias. Andererseits wendet sich genealogisches Erzählen zurück in die Vergangenheit. Erschaffen wird ein Schrein der Auserwählten Gottes, darin eine Tabelle der schon erfüllten Hoffnungen, immer neu zu lesen, immer gleich zu lesen. Wobei, und das macht diesen Stammbaum besonders interessant, jene Erfüllung von Hoffnungen mit menschlichem Zutun verbunden ist.

Deutlich wird dies anhand von drei Frauen in Jesu Ahnenreihe. Erstens Tamar, mit der Juda den Perez zeugt, zweitens Rahab, die Mutter des Boas, drittens Rut, Frau des Boas und Mutter des Obed. Diese Frauen sind – neben Davids Frau Batseba sowie dann Maria – die einzigen weiblichen Figuren, die in Jesu Stammbaum genannt werden. Sie zeichnen sich durch eine eigenartige genealogische Tatkräftigkeit aus.

Von Tamar wird im 1. Buch Mose erzählt. In Kapitel 38 ist Tamar zunächst die Frau von Er, dem Sohn des Juda. Doch dieser Er „war böse vor dem HERRN, darum ließ ihn der HERR sterben“. Nun will Tamars Schwiegervater Juda bei der verwitweten

Tamar einen anderen seiner Söhne, Onan, als Ersatzmann des Er ins Spiel bringen. „Da sprach Juda zu Onan: Geh zu deines Bruders Frau und nimm sie zur

„Wer Kinder zeugt und gebiert, imaginiert und stiftet Zukunft.“

Schwagerehe, auf dass du deinem Bruder Nachkommen schaffest.“ Das sieht Onan nicht ein. Er tritt in einen Zeugungsstreik: Wenn er Sex hat mit Tamar („wenn er einging zu seines Bruder Frau“), lässt er seinen Samen „auf die Erde fallen und verderben, auf dass er seinem Bruder nicht Nachkommen schaffe“. So entstand das Wort Onanie, das aber als Bezeichnung für Selbstbefriedigung insofern unangebracht ist, als Onan ja mit Tamar schläft und dabei lediglich Empfängnisverhütung per coitus interruptus praktiziert. Gleichwohl: Was Onan tat, „missfiel“ Gott, „und er ließ ihn auch sterben“.

Nun wird die zum zweiten Mal verwitwete Tamar von ihrem Schwiegervater Juda zurück ins Haus ihres leiblichen Vaters geschickt. Dort soll sie warten, bis ein weiterer Sohn des Juda, nämlich Schela, groß ist, damit sie den heiraten kann. Als der aber groß ist, wird Schela ihr nicht gegeben. Und so angelt sich Tamar den Juda.

Verkleidet als Prostituierte, setzt sich Tamar vors Tor des Ortes Enajim, der an dem Weg liegt, auf dem Juda zur Schafschur geht. Juda kommt, sieht die Prostituierte, erkennt Tamar unter ihrem Schleier aber nicht und will Sex. Tamar ist bereit und nennt den Preis: ein Ziegenbock. Juda hat keinen dabei. So bekommt Tamar von ihm ein Pfand – ein Teil davon ist der Ring des Juda –, das erst dann ausgelöst wird, wenn Tamar den Ziegenbock erhält. Juda schwängert Tamar. Anschließend geht sie heim und lebt weiter als Witwe im Haus ihres Vaters.

Alsbald lässt Juda einen Ziegenbock nach Enajim bringen, damit ihn die vermeintliche Prostituierte bekommt und Juda sein Pfand auslösen kann. Aber in Enajim kennt niemand eine solche Prostituierte. Der Ziegenbock kann nicht zugestellt werden, sodass Juda sein Pfand nicht zurückerhält.

Drei Monate später erfährt er, dass seine Schwiegertochter Tamar schwanger ist. Juda befiehlt, sie wegen Hurerei zu verbrennen. Sie aber schickt ihm das Pfand, das er beschämt erkennt. Jetzt weiß Juda, dass Tamar von ihm schwanger ist. Tamar wird nicht verbrannt, sondern tritt durch ihren mit Juda gezeugten Sohn Perez ein in die große Genealogie.

Wenn man sich vor Augen hält, was sie hierfür erduldet und riskiert hat, muss man sagen, dass Tamar sich aktiv in diese Genealogie hineingedrängt hat. Sie hat sich einen tiefen Wunsch erfüllt, hat sich auf einen in die Zukunft führenden Weg gestellt, der sich zugleich zurückbezieht auf eine große Vergangenheit. Tamar ist Konstrukteurin künftiger Heilsgeschichte und Profiteurin gewesener Heilsgeschichte. Juda ist ja nicht irgendwer. Der Vater ihres Kindes ist Träger des großen Vätersegens, den sein Vater Jakob ausgerechnet ihm in Übergehung vieler Brüder spendet.

Prostitution findet sich auch bei Rahab, real, nicht bloß fingiert. Rahab lebt in Jericho, als die Israeliten sich anschicken, nach dem Auszug aus Ägypten das verheißene Land einzunehmen (Jos 2). Bevor die Israeliten aber die Mauern von Jericho durch Trompetenlärm zum Einsturz bringen, schicken sie Kundschafter in die Stadt. Diese Spione beherbergt die Prostituierte Rahab, sie versteckt sie vor den Wachmännern von Jericho. Rahab unterstützt die Israeliten, weil sie weiß, dass deren Gott mächtig ist, „oben im Himmel und unten auf Erden". Zum Dank für die Hilfe lassen die Israeliten Rahab und ihre Familie nach der Eroberung

Jerichos als einzige Bewohner der Stadt am Leben. Rahab wird zur Mutter des Boas in Jesu Genealogie. Dass sie diesen Boas mit dem ansonsten komplett unbekannten Israeliten Salmon zeugt, einer biblischen Null, beweist, dass es hier auf Rahab ankommt, deren Gottesfurcht sie in das ihr fremde Volk der Israeliten hineindrängen lässt. Bei Rahab ist Jesu Stammbaum

„So, durch heimtückischen Ehebruch und Gattenmord, möchte man Heilsgeschichte nicht entstehen sehen.“

Objekt der Begierde und, in Gestalt des fortführenden Kindes Boas, Frucht der Begierde.

Mit jenem Boas geht es gleich weiter. Dafür sorgt Rut. Sie ist Moabiterin und die Schwiegertochter der nach Moab ausgewanderten Witwe Noomi. Diese Noomi hatte aus Juda ihre beiden Söhne nach Moab mitgenommen, Rut heiratete einen davon, der aber wie sein Bruder starb. Als Noomi wieder nach Juda zurückwill, schließt sich die verwitwete Rut ihrer Schwiegermutter Noomi an, obwohl Rut damit rechnen muss, dass sie es als Moabiterin in Juda schwerhaben wird. Doch die eigensinnige Migrantin arbeitet in Juda so engagiert als Ährenleserin auf den Feldern des Boas, dass dieser auf Rut aufmerksam wird, mit ihr schläft und sie schließlich zur Frau nimmt. Auch bei Rut wirkt es somit, als wolle hier jemand unbedingt mit dabei sein.

Es gibt allerdings in Jesu Stammbaum einen Fall, bei dem dies nicht gilt. Gemeint ist Batseba, mit der König David den Salomo zeugt (2. Sam 11). Sie ist die schöne Frau von Davids Feldherr Uria. Während Uria im Krieg ist, sieht David, daheim geblieben, Batseba im Bade, holt sie herbei und schwängert sie. Den Uria lässt er alsbald töten, später macht er Batseba zu seiner Frau. Sie spielt einfach mit.

Gott bestraft den David. Das erste gemeinsame Kind von David und Batseba lässt Gott sterben. Aber als dann David Reue zeigt, nimmt Gott es hin, dass die Genealogie doch durch David und Batseba fortgeführt wird. Gott lässt den Zweitgeborenen des Paares überleben, ja, Gott nobilitiert die verbrecherische Willkür des David sogar. Denn jener Zweitgeborene ist niemand anderes als der große König Salomo.

Durch Batseba und David fällt ein Schatten auf die Reihe tatkräftiger Frauen. So, durch heimtückischen Ehebruch und Gattenmord, möchte man Heilsgeschichte nicht entstehen sehen. Um hier dennoch

Heilsgeschichte zu erkennen, braucht man nachträgliche Sinngebung. Die Geburt und die Karriere des Salomo müssen ex post beweisen, dass die Sache zwischen David und Batseba für etwas gut gewesen sein könnte. Und generell postuliert in diesem Stammbaum natürlich der Schlusspunkt Jesus, dass die ganze Geschlechterabfolge einen höheren Sinn hatte. Man kommt folglich aus dem Problem der nachträglichen Sinngebung nicht heraus.

Man kann nur sagen, dass es auch etwas Anderes gibt. Nämlich das reproduzierende Prinzip im repetitiven Erzählen und in der geschlechtlichen Reproduktion, auf welche Gott sich einlässt, indem er seinen Sohn von einer menschlichen Frau gebären lässt. Genealogie, Reproduktion in ihrer Mischung aus erfüllter Hoffnung und Zukunftserwartung, erscheint damit ein Stück weit unabhängig von Sinngebungsversuchen als Wert an sich, bekräftigende Wiederholung eines von Lebensenergien erfüllten Gewesenen. Zwar lässt sich dies nicht ganz ohne nachträgliche Sinngebung haben, aber die kann man etwas stärker zurücktreten lassen als in jenem Weissagungsmuster, in dem Jesaja 9,1 zwanghaft auf Jesus bezogen wird. Dass hierzu eine Alternative in Jesu Stammbaum erkennbar wird, liegt an der Redeform, die in der

Genealogie eine reproduzierende ist und mitvollzieht, was Menschen selbst machen, tätig selbst herstellen. Beim Prinzip der Weissagung und Erfüllung ist die Rolle der Menschen darauf beschränkt, mit göttlich vermittelter Prophetiebegabung eine Hoffnung auszudrücken, die von Gott erfüllt werden muss. Demgegenüber spielt im Prinzip Stammbaum die menschliche Autonomie eine weit größere Rolle.

Für die Redeform des Stammbaums gibt es übrigens ein Beispiel in einem großen Oratorium der abendländischen Kirchenmusikgeschichte, in Haydns „Schöpfung". Da singt der Chor, dass die Himmel die Ehre Gottes erzählen: „Dem kommenden Tage sagt es der Tag, / Die Nacht, die verschwand, der folgenden Nacht." Das ist genealogische Rede: Die Tage und Nächte sagen das Lob Gottes einander so, wie die Glieder einer Ahnenreihe einander das Leben weitergeben. Es ist ein Sprechen nach vorn, zugleich aber ein Sprechen der Wiederholung, bei dem alle Glieder gleich viel wert sind, weil es bei jedem bereits Erfüllung gibt. Wobei zur Erfüllung gehört, sie zu reproduzieren.

Indes wird in der Bibelstelle, an der sich Haydns Textbuch orientiert, auch thematisiert, dass solches Reproduzieren schon an der Grenze unserer Sprachmöglichkeiten liegt, ja, sich denen entzieht. Psalm 19, aus dem sich Haydns Librettist bediente, lautet: „Ein Tag sagt's dem andern, / und eine Nacht tut's kund der andern, / ohne Sprache und ohne Worte; / unhörbar ist ihre Stimme." An diesen Hinweis auf die Sprachlosigkeit der fundamentalen Reproduktion sollte man denken, wenn man Jesu Stammbaum bei Matthäus langweilig findet mit seinem „...zeugte..., ...zeugte..., zeugte...". Unterhaltsam und tatsächlich sagbar wird es erst, wenn man den Menschen, genauer: den tatkräftigen Frauen nachspürt, ohne die es jenes „...zeugte..., ...zeugte..., zeugte..." nicht gäbe.

Der Tod des zweifelnden Eremiten

Johannes der Täufer war nicht einfach Jesu Wegbereiter. Die Beziehung der beiden war eng und konfliktreich. Das konnten die Evangelisten nicht ignorieren.

Am Anfang steht eine Idylle. Am Ende eine Enthauptung. Die Idylle wird im Advent beschrieben. Elisabeth, die hochbetagte Frau des Zacharias, ist im sechsten Monat schwanger mit Johannes dem Täufer. Eines Tages bekommt sie Besuch von ihrer ebenfalls schwangeren Verwandten Maria (Lk 1,39–45). Rührend ist, was nun geschieht. Maria kommt zur Tür herein, „und es begab sich, als Elisabeth den Gruß Marias hörte, hüpfte das Kind in ihrem Leibe". Elisabeth spürt: Der ungeborene Johannes hat gerade den ungeborenen Jesus erkannt.

Am Ende wird Herodes Antipas diesen Johannes köpfen lassen. Zuvor aber tritt Johannes in einer Schlüsselszene des Neuen Testaments auf. Der erwachsene Jesus, noch ehe er zu predigen und zu heilen beginnt, geht zu einer Stelle am Jordan, die nicht weit von Jerusalem entfernt ist. Dort am Fluss hält Johannes Bußpredigten, kündigt das Kommen eines Heilands an und tauft die Menschen (Mk 1,1–13). Auch Jesus lässt sich von ihm taufen. Da tut sich der Himmel auf. Eine Stimme ertönt: „Du bist mein lieber Sohn, an dir habe ich Wohlgefallen." So wird unterstrichen, dass Jesus derjenige sei, den Johannes angekündigt hat. Johannes sei die Figur des Advents und der Vorbereitung auf den Messias. Jesus sei die Figur der Weihnacht, sei der Messias. Wieder das Modell von Weissagung und Erfüllung. Und wieder geht es nicht auf.

Denn Johannes verhält sich gerade nicht so, wie es ein Vorläufer in dieser Situation tun müsste. Johannes schließt sich Jesus nach dessen Taufe nicht an. Trotz der Stimme vom Himmel und trotz der vorherigen Evangelien-Behauptungen, Johannes sei der Ankündiger, folgt Johannes nicht Jesus nach, als dieser endlich da ist. Es gibt keinen Hinweis, dass der Täufer zu Jesu Jünger wurde. Vielmehr deutet alles darauf hin, dass

Jesus und Johannes nach dieser Szene getrennt agieren. Ja, dass Johannes während Jesu Wirken, wahrscheinlich sogar danach, eine eigene Anhängerschaft hat, eigene Jünger.

Dies erfährt man, als vom schrecklichen Ende des Johannes berichtet wird (Mk 6,14–29). Sterben muss Johannes, weil er es wagt, seinen Landesherrn Herodes Antipas zu kritisieren. Herodes hat seine eigene Schwägerin geheiratet – Herodias –, und als Johannes dies anprangert, nimmt der König den Johannes gefangen. Während Johannes im Kerker sitzt, gibt Herodes eines Tages ein Festmahl: „Da trat herein die Tochter der Herodias und tanzte und gefiel Herodes." Der Unhold begehrt seine Stieftochter. „Da sprach der König zu dem Mädchen: Bitte von mir, was du willst, ich will dir's geben."

Die Tänzerin, in außerbiblischen Texten heißt sie Salome, fragt ihre Mutter Herodias, was sie vom König verlangen soll. „Das Haupt Johannes des Täufers", antwortet die Mutter, die offenbar jenen Mann loswerden will, der ihre illegitime Heirat anprangerte. Salome tut wie geheißen und verlangt vom König den Kopf des Täufers. „Sogleich schickte der König den Henker hin und befahl, das Haupt des Johannes herzubringen. Der ging hin und enthauptete ihn im

Gefängnis und trug sein Haupt herbei auf einer Schale und gab's dem Mädchen und das Mädchen gab's seiner Mutter."

Dann aber folgt dieser Satz: „Und als das seine Jünger hörten, kamen sie und nahmen seinen Leichnam und legten ihn in ein Grab." Johannes hatte Jünger. Und zwar zu einer Zeit, da Jesus bereits selbst gewirkt und eigene Anhänger um sich geschart hatte. Hiervon ist auszugehen, weil sich die Enthauptung des Johannes mit Hilfe einer außerbiblischen Quelle recht präzise datieren lässt. Der römisch-jüdische Geschichtsschreiber Flavius Josephus (37/38 bis 100 n.Chr.) berichtet in seinen „Jüdischen Altertümern" nicht nur von jener Hinrichtung des Johannes durch Herodes Antipas in der Festung Machairus, sondern stellt auch den Bezug zu einem Kriegszug her. Den unternahm im Jahre 36 der Nabatäerkönig Aretas IV. gegen Herodes in Judäa, was laut Flavius Josephus damals von einigen Juden als göttliche Strafe für die Enthauptung des Johannes gedeutet wurde. Das aber heißt, dass diese Hinrichtung nicht lange vor 36 stattgefunden haben kann. Sie muss sich folglich in einer Zeit ereignet haben, in der Jesus selbst bereits lehrte oder schon gekreuzigt worden war. Während dieser Zeit gab es Jünger des Johannes.

Zwar versuchen alle Evangelisten, diese Gleichzeitigkeit von Jesu und Johannes' Wirken und Anhängerschaften zu verschleiern. Markus etwa suggeriert, dass Johannes schon vor Jesu Wirken enthauptet worden sei (Mk 6,16). Doch konsequent sind die Evangelisten bei diesen Verschleierungen nicht. Denn bei Matthäus und Lukas lebt der Täufer noch, als Jesus predigt. Johannes sitzt dort zwar schon im Gefängnis

„Waren also Jesus und Johannes beziehungsweise ihre Anhängerschaften Konkurrenten? So einfach ist es wohl nicht.“

(Mt 11,1–6), hört aber von Jesu Wirken. Nun schickt Johannes „seine Jünger“ (da sind sie wieder) zu Jesus mit einer Frage, die erkennen lässt, dass Johannes Jesu messianischen Anspruch in Zweifel zieht. Johannes lässt seine Jünger bei Jesus anfragen: „Bist du es, der da kommen soll, oder sollen wir auf einen anderen warten?“ Wohlgemerkt: Johannes hat da bereits Jesus getauft. Jetzt aber zweifelt Johannes.

Dass es Spannungen zwischen den beiden gibt, verrät auch Jesu Antwort. Denn diese Antwort, worin

Jesus zunächst zu messianischen Beweiszwecken auf seine Wundertaten und seine Predigten für die Armen verweist, endet mit der Bemerkung: „Und selig ist, wer sich nicht an mir ärgert.“ Das lässt auf erhebliche Differenzen zwischen den beiden Predigern schließen. Und dass es später, in der Zeit der Urchristen, immer noch Johannes-Jünger gab, belegt die Apostelgeschichte (Apg 19,1–7). In Ephesus tauft Paulus „etwa zwölf Männer“, die früher eine „Taufe des Johannes“ empfingen, aber von Jesus und Heiligem Geist nichts wissen. Waren also Jesus und Johannes beziehungsweise ihre Anhängerschaften Konkurrenten? So einfach ist es wohl nicht.

Einigermaßen sicher lässt sich über Johannes sagen, dass er am Jordan getauft und dabei eine Gegenposition zu jenen Kompromissen bezogen hat, die die Jerusalemer Tempelaristokratie mit den Römern hatte schließen müssen. Seine Gegenposition demonstrierte Johannes bei Markus schon im Äußeren: Er „trug ein Gewand aus Kamelhaaren und einen ledernen Gürtel um seine Lenden und aß Heuschrecken und wilden Honig“. Eine Gestalt wie der Prophet Elia, Symbol für die alte Verheißung, dass das Heil des Volkes Israel sich in der Wüste verwirklichen sollte. Mit dieser radikalen Position, die sich gegen die in Jerusalem herrschenden Verhältnisse richtete, stand Johannes in der Zeit der Besatzung nicht allein, aber mit seinen Bußpredigten scheint er besonders viele Menschen angezogen zu haben. Festzuhalten ist dabei: Johannes beschwört eine alte jüdische Weissagungstradition herauf, stellt sich in sie hinein, aktualisiert sie und schürt damit natürlich die Erwartung, demnächst werde sich davon etwas erfüllen. Insofern bereitet Johannes hier tatsächlich eine Bahn – wenn nicht die Jesu, so doch die der Interpretation, nach der Jesus der von Johannes angekündigte Messias sei.

Doch nicht nur scheint Johannes hieran gezweifelt zu haben. Vielmehr sieht es auch so aus, als habe sich Jesus auf jene Bahn zumindest anfangs gar nicht begeben wollen. Es spricht einiges dafür, dass sich Jesus erst einmal ohne eigenes messianisches Bewusstsein dem Johannes angeschlossen hat. Direkt nach der Taufepisode heißt es über Jesus: „Alsbald trieb ihn der Geist in die Wüste; und er war in der Wüste vierzig Tage und wurde versucht von dem Satan und war bei den wilden Tieren, und die Engel dienten ihm" (Mk 1,12 f.). Jesus hat es dem Wüsteneremiten Johannes gleichgetan. Wie ein Schüler seinem Lehrer?

Besonders deutlich formuliert diese schon oft geäußerte Vermutung der Philosoph Christoph Türcke, der die Stimme aus dem Himmel – „Du bist mein lieber Sohn, an dir habe ich Wohlgefallen" – für eine Spur des ursprünglichen Taufspruchs hält, welchen der historische Johannes zu seinen Täuflingen und damit auch zu Jesus gesagt habe. Türcke sieht Jesus in einem mindestens schülerartigen Verhältnis. Jesus sei „in eminentem Maße Johannes' geistiges Kind, sein ‚geliebter Sohn'" gewesen, schreibt Türcke, „nicht nur in rituellem, sondern auch in emotionalem Sinne". Das Wohlgefallen, das Johannes an Jesus hatte, „wird nicht einseitig gewesen sein".

Ob dies zutrifft, mag dahingestellt bleiben. Jedenfalls lässt sich konstatieren, dass das Vorbereitung-Erfüllung-Muster Risse aufweist. Wenn Johannes nicht Jesus nachfolgt und Letzterer bei Johannes gleichsam in die Eremitenschule geht, erscheint Johannes gegenüber Jesus nicht mehr als so untergeordnet, wie es das Modell des ankündigenden Vorläufertums vorsieht. Ein großer weiterer Riss entsteht dort, wo Jesus theologische Differenzen zwischen sich und Johannes offenlegt. Just bei der Frage nach der Berechtigung des Eremitentums. Jesus sagt über Johannes, er „aß nicht und trank nicht". Über sich selbst sagt Jesus: „Der Menschensohn isst und trinkt" (Mt 11,18–19). Dahinter steckt eine ganze Theologie. Anders als der Asket Johannes setzt Jesus auf Gemeinschaftsmahle, etwa mit Zöllnern, um eine neue Verbundenheit des Gottesreichs zu stiften. Auch der Grund für die Verhaftung des Johannes lässt Unterschiede erkennen. Einen Machthaber wie Herodes wegen dessen Lebenswandels zu kritisieren, wäre Jesus kaum in den Sinn gekommen. Herrscherkritik im Stile der alten Propheten interessierte ihn nicht. Er stellte die Legitimität von Herrschaft infrage.

Zugleich jedoch spricht Jesus voll Hochachtung von Johannes. „Unter allen, die von einer Frau geboren sind, ist keiner aufgetreten, der größer ist als Johannes der Täufer“ (Mt 11,11). Das zentrale Ritual des Johannes, die Taufe, gibt Jesus an seine eigenen Jünger weiter. Und wenn Jesus den Jüngern die Füße wäscht, verweist das auf einen der einprägsamsten Sätze des Johannes, der über den erhofften Heiland sagt: „Ich bin nicht wert, dass ich mich vor ihm bücke und die Riemen seiner Schuhe löse“ (Mk 1,7).

Ja, Jesus zieht sogar dort eine Verbindung, wo er anhand des unterschiedlichen Ess- und Trinkverhaltens zunächst das Trennende benannte. Hierbei gebe es auch eine Gemeinsamkeit, nämlich das Unverständnis, auf das jene erst einmal unterschiedlichen Speisetheologien bei den Menschen stoßen: „Johannes ist gekommen, aß nicht und trank nicht; so sagen sie: Er ist besessen. Der Menschensohn ist gekommen, isst und trinkt; so sagen sie: Siehe, was ist dieser Mensch für ein Fresser und Weinsäufer, ein Freund der Zöllner und Sünder!“ (Mt 11,18 f.).

Wegen dieser Gleichzeitigkeit von Differenz, Gemeinsamkeit und Hochachtung ist davon auszugehen, dass

„Die Evangelien lesen sich, als fühlten sie sich einem Veto verpflichtet.“

die beiden Gruppen der Jesus- und der Johannes-Anhänger nicht voneinander getrennt waren, sondern dass es fließende Übergänge zwischen den Jüngerschaften gab. Verbunden waren diese auch darin, dass beide Leitfiguren, Jesus und Johannes, für ihre Überzeugungen hatten sterben müssen. Geeint in der Unzufriedenheit mit der Lage Israels unter den Römern, ähnlich bemüht um eine theologische Neubegründung des Judentums, werden sich die beiden Gruppen miteinander ausgetauscht haben. Vermutlich ganz so, wie es die beiden Protagonisten getan haben.

Es wäre deshalb falsch, Johannes auf die Rolle des hinweisenden Vorläufers zu reduzieren. Vielmehr findet sich in den Johannes-Berichten, nach dem generativen Modell von Jesu Stammbaum, eine zweite erzählerische Alternative zum Konzept der Vorausdeutung und Erfüllung. Ein Erzählen von einzelnen Individuen, die eigensinnig leben und denken. Johannes dachte zwar in den Wegbereitungs- und Vorausdeutungsmustern prophetischer Sprachtraditionen, war aber in der Auseinandersetzung mit Jesus weder willens noch fähig, jene Muster auf sich und Jesus anzuwenden. Eigensinnig auch Jesus. Er stand offensichtlich in einer so intensiven, ihn persönlich so sehr berührenden Beziehung zu Johannes, dass Jesu Anhänger in ihren Erzählungen die Zeugnisse dieser Beziehung weitertrugen. Und das, obwohl diese Zeugnisse im Widerspruch zu dem großen Bedürfnis standen, die Predigten des Johannes als Vorausdeutungen auf Jesus zulaufen zu lassen. Die Evangelien lesen sich, als fühlten sie sich einem Veto verpflichtet, das Jesus gegen die vollständige Vereinnahmung des Johannes eingelegt hätte.

Dass die Texte dieses Veto wenn schon nicht beherzigen, so doch auch nicht tilgen, ist ein Zeichen erstens für literarische Qualität. An Johannes zeigt sich, dass die Evangelien keine Sinngebungstraktate sind, sondern Erzählungen, die sich von dem erschüttern lassen, was sperrig und eigenlogisch ist. Zum andern lässt sich daran Glaubenstreue ablesen: Den Evangelisten war ihr Meister so wichtig, dass sie dessen spannungsreiche Zuneigung zu Johannes weitertrugen, obwohl sie sich damit erhebliche Probleme mit ihrem theologischen Sinngebungsmuster von Vorläufer und Erfüllendem einhandelten. Der Glaube an Jesus zwang die Evangelisten dazu, verehrungsvoll von jenem Johannes zu erzählen, der an Jesus nicht so glaubte wie sie. Das aber heißt, dass der Glaubenszweifel ein wesentliches Element jener Evangelientexte ist, die den Glauben bezeugen wollen.

Gemeinhin wird ja nicht so gedacht. Vielmehr pflegt man den Evangelisten zu unterstellen, dass sie felsenfest überzeugt waren. Dann bemerkt man, dass viele ihrer Aussagen nicht zusammenpassen und man nicht weiß, was man glauben soll. Daraus ziehen viele Leser die Konsequenz, Glaubenszweifel gegen die Evangelien zu formulieren: Was ihr behauptet, kann gar nicht stimmen. Kurt Flasch hat diese Sichtweise sehr pointiert mit Blick auf die uneinheitlichen Aussagen der Evangelien über die Zeugen von Jesu Auferstehung formuliert: „Wäre ich der zuständige Polizeikommissar gewesen mit dem Auftrag, das Verschwinden der Leiche eines prominenten Mannes aufzuklären, wäre ich zu dem Ergebnis gekommen, das sei bei diesen Zeugenaussagen unmöglich."

Konfessionelle Theologie reagiert darauf in der Regel mit zwei Gegenstrategien. Die eine lässt sich als Metaphorisierung charakterisieren. Gewiss, so heißt es, da sei vieles unklar und widersprüchlich, aber man müsse das als metaphorische Umschreibung eines zwar nicht zu fassenden, aber doch wahren Glaubenskerns verstehen. Was freilich dazu führt, dass die Aussagen, was gemeint sein könnte, rasch diffus werden. Die andere Strategie ist die historisch-kritische: Die Widersprüche werden in keiner Weise geleugnet, sogar offensiv weiterverfolgt, in der Hoffnung, durch Textvergleiche und Rekonstruktionen auf den Kern dessen zu stoßen, was Jesus gesagt und erlebt habe. Dieses Vorgehen hat der Theologie unschätzbaren Gewinn gebracht, weil immer genauer gesehen werden konnte, wie die Texte entstanden sind und wo sich historische Fakten erkennen lassen. Auf diese Methode kann, wer sich mit Jesu Verhältnis zu Johannes beschäftigt, nicht verzichten. Allerdings steht dieses Vorgehen in der Gefahr, eine etwas naive Vorstellung von Glauben zu befördern: dass Glaube nur dort möglich ist, wo sich etwas widerspruchsfrei nachweisen lasse, ein wahrer Kern. Davon abgesehen, dass dieser Kern im Laufe der Forschungen immer kleiner geworden ist: Man verliert die Texte aus den Fingern. Der Gegenstand religiösen Denkens liegt dann jenseits der Texte, irgendwo hinter ihnen.

Wer hingegen auf den Reichtum der Texte nicht verzichten will und zugleich darauf beharrt, dass die Beschäftigung mit ihnen religiöses Denken ist, müsste ein anderes Verständnis von Glauben entwickeln. Hierbei würde es nicht um ein Bekennen angeblicher Wahrheit gehen, sondern um ein lesendes Leben und Denken in Widersprüchen. Wenn die Texte Anlass zu Zweifeln geben – was sie reichlich tun –, wären genau diese Zweifel Ausdruck von Gläubigkeit. Weil das Zweifelhafte konstitutiver Bestandteil der Glaubenstexte ist.

Dass die biblischen Texte hiermit einverstanden sind, zeigt der Umgang der Evangelien mit Johannes. Weil sie an Jesus glauben, berichten sie in großer Wertschätzung über den von Jesus verehrten Johannes, der von Jesu messianischer Rolle offensichtlich nicht überzeugt war. Weil aber Jesus nicht von ihm losgekommen war, durften auch die Texte der Evangelisten nicht von Johannes loskommen. Einen Text im Glauben an Jesus zu schreiben, scheint für sie bedeutet zu haben, dem Zweifel an Jesus ohne Widerlegungsbemühen Raum zu geben.

Wenn Christen Revolutionslieder singen

Die Weihnachtsgeschichte ist voll von sozialutopischen Gesängen, die den Umsturz bejubeln. Eine eigenartige Demut bewahrt sie vor terroristischem Hass.

Linksprotestanten und katholische Befreiungstheologen haben in einem Punkt recht: Das Christentum vibriert in revolutionärer Begeisterung. Die gerät zu Weihnachten in wildes Schwingen. „Er stößt die Gewaltigen vom Thron und erhebt die Niedrigen. Die Hungrigen füllt er mit Gütern und lässt die Reichen leer ausgehen“, singt die mit Jesus schwangere Maria über ihren Gott, als sie ihre Verwandte Elisabeth besucht. „Er übt Gewalt mit seinem Arm“, so Maria in ihrer Arie, „und zerstreut, die hoffärtig sind in ihres Herzens Sinn“ (Lk 1,46–56). Als dann Johannes der

Täufer geboren ist, stimmt dessen Vater Zacharias das nächste siegesstolze Loblied auf Gott an, der „uns errettete von unsern Feinden und aus der Hand aller, die uns hassen“ (Lk 1,67–79). Nach Jesu Geburt schließlich hören wir vom alten Simeon, da er das Kind im Tempel sieht, es sei „gesetzt zum Fall und zum Aufstehen für viele in Israel“ (Lk 2,22–35).

Lieder vom Umsturz, erfüllt von Triumph nach großer Wut. Oben und Unten geraten durcheinander. So ungestüm werden diese Lieder geschleudert gegen Macht und soziale Herrschaft, so erregt jubiliert in ihnen die Verachtung bestehender Hierarchien, dass jeder Versuch zuschanden werden muss, diese Gesänge ins Jenseits hinein zu spiritualisieren. Nein, hier geht es um die Revolution auf Erden. Gewiss im Reich Gottes. Aber im Reich Gottes, das auf Erden angebrochen ist.

Jene Begeisterung erstickt nicht, wer darauf verweist, dass der Evangelist Lukas, der die Gesänge als Einziger im Neuen Testament bietet, jene Worte den Figuren recht freihändig in den Mund gelegt haben dürfte. Der Autor, dessen Evangelium von der uneinigen Forschung auf die Zeit zwischen 60 und 90 nach Christus datiert wird, dürfte von Gesängen emphatischer Urchristen so sehr inspiriert gewesen sein, dass dieser erfindungsreiche Schriftsteller gar nicht anders konnte, als diesen Gesängen, die vielleicht noch aus der Jesus-Zeit stammten, einen würdigen Platz in seiner Erzählung von Jesu Leben zu geben.

Womit wir die Energie umso heftiger erspüren: In den oft vertonten Lobgesängen der Maria (Magnificat), des Zacharias (Benedictus) und des Simeon (Nunc dimittis) darf man wohl jene Kraft fühlen, die eine große Schar früher Christen im Glauben an den auferstandenen Jesus erfasste und die jene Menschen nur lyrisch, singend umzusetzen vermochten. Lieder einer Bewegung. Einer Bewegung, die sich in einer langen Tradition sah.

Ein weiteres Mal findet sich hier das Muster von Weissagung und Erfüllung. Die Menschen, die da singen, sind überzeugt, dass sozialutopische Texte des Alten Testaments nun Realität werden. Sehr eng etwa lehnt sich Marias Lobgesang an den der Hanna an, der Mutter des Samuel (1. Sam 2), die Gottes großen Umsturz bejubelte: „Die da satt waren, müssen um Brot dienen, und die Hunger litten, hungert nicht mehr. Die Unfruchtbare hat sieben geboren, und die viele Kinder hatte, welkt dahin. Der Herr tötet und macht lebendig, führt hinab zu den Toten und wieder herauf. Der Herr macht arm und macht reich; er erniedrigt und erhöht. Er hebt auf den Dürftigen aus dem Staub und erhöht den Armen aus der Asche, dass er ihn setze unter die Fürsten und den Thron der Ehre erben lasse." Im Hintergrund präsent bei allen drei Lukas-Gesängen ist auch Jesaja 11: „Er wird mit Gerechtigkeit richten die Armen und rechtes Urteil sprechen den Elenden im Lande, und er wird mit dem Stabe seines Mundes den Gewalttätigen schlagen und mit dem Odem seiner Lippen den Gottlosen töten." Offensichtlich glaubten die neutestamentlichen Sänger, wie sie Lukas bezeugt, dass solche Prophetien durch Jesus Christus Wirklichkeit würden.

Allerdings kann keine Rede davon sein, dass dies eine Umsetzung des Geweissagten im Verhältnis eins zu eins wäre. Es gibt erhebliche Unterschiede zwischen den alttestamentlichen, auf ein Königtum bezogenen Utopien und dem Glauben der Christen, deren Heiland gekreuzigt worden war. Hatte einst ein König all das Erträumte bewirken sollen, so versuchten nun die Christen in ihren Gemeinschaften schon ein Stück weit selbst jene Utopie herzustellen, welche mit der baldigen Rückkehr Christi im Reich Gottes universal werden sollte. Zudem würde man die lyrische Emphase der Lukas-Gesänge unterbewerten, wenn man sie nur als Lieder des Konstatierens sähe, des Feststellens, dass eingetreten sei, was einst erhofft und vorhergesagt wurde.

Vielmehr sind diese Arien schaffende, herstellende. Im Singen soll sich ereignen, wovon gesungen wird. Sie sind Revolutionsmorgenlieder. Den großen Segen, den sie beschwören, lassen sie wie Tau aus Worten und Tönen über die Singenden und die Welt fallen. Diese Emphase, die erzeugende Performance, ist das

„Vielmehr sind diese Arien schaffende, herstellende. Im Singen soll sich ereignen, wovon gesungen wird. Sie sind Revolutionsmorgenlieder.“

dritte Alternativmodell zu einem allzu automatischen Modell von Weissagung und Erfüllung. Das einst Erhoffte tritt nicht einfach ein, sondern muss jeweils hergestellt werden, momentanistisch in subjektiver Gesangsbegeisterung. Auf solches „Jubilieren“ führt Bruno Latour die gesamte religiöse Rede zurück. Diese bezeichnet er als „eine Verkündungsform, die bewirkt, was sie sagt“. Es sei wie bei Liebenden, die ja auch zum Singen neigen und in ihren gegenseitigen Liebesbezeugungen erst jene Beziehung stiften, von der sie sprechen. Als bloße Substanz, die da ist, sei die Liebe für die Partner „machtlos, ohne Beharrungsvermögen“. Wirksam hingegen werde die Liebe für die Partner „erst dann, wenn sie sich einander angenähert, endlich richtig ausgesprochen haben“; wenn die Liebenden imstande seien, „die Attribute lebendig werden zu lassen“.

Solcherart lebendig wird der große Umsturz des Reiches Gottes für die Sänger der Lukas-Lieder im Akt des lyrischen Jubilierens. Nicht nur auf die Bedeutung, sondern genauso auf den Akt des Singens kommt es hier an. Weshalb es gar nicht anders sein konnte, als dass alle drei Lieder zu festen Bestandteilen kirchlicher Liturgien wurden. Wenn Gottesdienste die Gewissheit des Glaubens an das Reich Gottes bezeugen und schaffen sollen, dann brauchen Gottesdienste Lieder, in denen dieses Reich und der Glaube an das Reich hergestellt werden.

Nebenbei: Vor diesem Hintergrund hat man zu würdigen, dass in Deutschland der bislang letzte christlich-missionarische Großaufbruch, die sozial- und friedensutopischen Manifestationen auf Evangelischen Kirchentagen in den Achtziger- und Neunzigerjahren, ganz wesentlich getragen wurde von genau jener Begeisterung für die alttestamentlichen

Prophetien sowie deren Erneuerung bei Maria, Zacharias und Simeon. Es ist ja scharf zu kritisieren, wie auf jenen Kirchentagen gegen die Nato-Nachrüstung gewettert, wie dabei die Sowjetdiktatur mindestens implizit in Schutz genommen und mancher Öko-kitsch beschworen wurde. Aber dass christliche Begeisterung immer auch gebunden ist an die Momente emphatisch-jubilierender Bekräftigung, In-Kraft-Setzung von Utopien – das lässt sich nicht bestreiten. Ebenso wenig, dass solche Momente der Frische, in denen der ersehnte Morgen im Gesang anbricht, eine feste biblische Basis haben, vor allem in diesen Liedern des Lukas.

Heiligt insofern die Bibel hier revolutionären Geist, so lässt sich in dessen Gesänge umso leichter einstimmen, als diese zugleich deutlich machen, warum bei den Urchristen keine revolutionäre Gewalt entstehen konnte. Diese Lieder sind friedlich – der später von Christen verbreitete Schrecken hatte andere Ursachen –, diesen Liedern ist das Terror-Regime ganz und gar fremd. Denn schon ihre sprachlichen Formen bekunden jene Duldsamkeit und Hinnahmebereitschaft, aus denen der christliche Verzicht auf aktive Gewaltausübung folgt. Diese Lieder schweben in der Balance von Triumph und Demut.

Marias Magnificat bringt dies auf unvergleichliche Weise zur Sprache. Einerseits singt Maria voller Stolz und Selbstbewusstsein: „Siehe, von nun an werden mich selig preisen alle Kindeskinder." Andererseits, unmittelbar zuvor, heißt es über Gott und Maria selbst: „Er hat die Niedrigkeit seiner Magd angesehen." In nur einer Zeile: „Er hat große Dinge an mir getan." In stärkerer Verdichtung lässt sich die Dialektik von Erhebung des Subjekts und Erhebung Gottes, von Selbststärkung und Gnadenannahme kaum ausdrücken.

Ähnlich plastisch formuliert ist jenes Aufwallen, das ein Hinnehmen ist, im Benedictus des Zacharias. „Besucht", so singt Zacharias, habe der Herr sein offenbar passiv wartendes Volk, auf dass wir, „erlöst aus der Hand unsrer Feinde, ihm dienten ohne Furcht". Dienen ohne Furcht! Und abermals ein „besuchen": Die Menschen werde „besuchen das aufgehende Licht aus der Höhe", in anderen Übersetzungen brillant als „Aufgang aus der Höhe" formuliert. Faszinierend schillert dies zwischen Herabkunft von oben und Aufgang von unten.

Zacharias lässt anklingen, dass auch Gott kein unumschränkt dreinschlagender Alleinherrscher ist. Zacharias singt von der vertraglichen Bindung zwischen göttlicher Macht und menschlicher Kraft. Im Kommen des Messias zeige sich, dass Gott „gedacht" habe „an seinen heiligen Bund und an den Eid, den er geschworen hat unserm Vater Abraham". Gott scheint hier einer Begrenzung zu unterliegen. Er hat den Bindungen zu entsprechen, die er den Menschen gegenüber eingegangen ist. Gott wirkt somit ebenfalls passivisch. Gewiss, er revolutioniert, aber ohne sich zum revolutionären Autokraten aufzuschwingen. Vielmehr erfüllt Gott nur, was ihm im Bund mit dem Volk Israel von den Menschen aufgegeben war. Gerade durch Treue zeigt er Macht. Mit dieser stärkt er jene Menschen, welche die Macht passiv annehmen.

Das wohl ergreifendste Bild für Passivität, aus der ein Triumphieren wird, und für ein Triumphieren, das an Passivität gebunden ist, findet sich bei Simeon. Über den alten Mann heißt es, ihm sei „ein Wort zuteil geworden von dem Heiligen Geist, er solle den Tod nicht sehen, er habe denn zuvor den Christus des Herrn gesehen". Leben heißt für Simeon nur noch warten, die zweitstärkste Form der Passivität. Auf die folgt deren stärkste Form, der Tod. Simeon wird, nachdem er den Jesusknaben gesehen hat, sterben. Im Sterben aber scheint Kraft auf. Simeon nimmt den kleinen Jesusknaben „auf seine Arme" und singt, so erfüllt von Stärke wie überkommen von Schwäche: „Herr, nun lässt du deinen Diener in Frieden fahren, wie du gesagt hast; denn meine Augen haben deinen Heiland gesehen, den du bereitet hast vor allen Völkern, ein Licht, zu erleuchten die Heiden und zum Preis deines Volkes Israel." Sogleich aber wird der kraftvolle Triumph des Gesangs wieder gedämpft, mit Blick auf Jesu Kreuzigung zerstört. Simeon sagt Jesu Eltern, das Kind werde „zu einem Zeichen, dem widersprochen wird". An Maria gerichtet, fügt Simeon hinzu: „Auch durch deine Seele wird ein Schwert dringen."

Da bricht der Jubel ab. Um später von den singenden Christen im Glauben an die Auferstehung wieder neu angestimmt zu werden. Auch nur für den Moment, schon mit dem Blick aufs Kreuz, woran der Jubel wieder zerbricht. Christlicher Gesang, diese Verbindung von Erhebung und Demut, ist ein Gesang im Dazwischen. In einem Moment, da der glänzende Morgen anbricht und die kommende Niederlage schon gesehen wird, im Moment nach dem Leiden am Kreuz und der Erfahrung der Auferstehung. Christliches Singen ist gebunden an den prekären Augenblick. In dem erschafft der Gesang, was die Sänger glauben. Auf Dauer stellen können und wollen sie diesen Augenblick nicht. Schon gar nicht in revolutionärem Herrschaftsanspruch. Wie revolutionär dieser Gesang auch ist.

Sex ist nicht alles

Josef ist nicht der biologische Vater von Jesus. Aber der Baumeister zeigt, dass es manchmal Wichtigeres gibt als Biologie: träumerische Liebe, Tatkraft.

Mit der Ankunft des Messias verliert die Sexualität an theologischer Relevanz. War sie als Garant der Geschlechterfolge im Alten Testament noch von großer Bedeutung, so rückt die Sexualität im entwickelten Christentum des Auferstehungsglaubens aus dem religiösen Glutkern hinaus. Für das Heil unwichtig werden die Genitalien, wenn Paulus in der Erfüllung des jüdischen Gesetzes keine notwendige Voraussetzung für die Rechtfertigung im Glauben an Christi Heilswerk mehr sieht. Die Beschneidung des Penis und auch rituelle Reinigungsbäder nach der Menstruation werden verzichtbar.

Das Geschlechtsleben als Ganzes verliert an religiöser Bedeutung. Denn die frühen Christen lebten in der Naherwartung des Reiches Gottes. In diesem sollte unsere gesamte kreatürliche Verfasstheit so umfassend überwunden werden, dass den Christen die irdische Sexualbiologie als irrelevant erschien. „Ihr aber seid nicht fleischlich, sondern geistlich, wenn denn Gottes Geist in euch wohnt", schreibt Paulus an die Gemeinde in Rom (Röm 8,9–19). „Wenn aber Christus in euch ist, so ist der Leib zwar tot um der Sünde willen, der Geist aber ist Leben um der Gerechtigkeit willen." Paulus geht noch weiter: Das Fleischliche muss nicht nur von den Christen um der Erlösung willen überwunden werden, sondern bedarf selbst der Erlösung, ja, sehnt sich danach. „Denn das ängstliche Harren der Kreatur wartet darauf", so heißt es kurz danach, „dass die Kinder Gottes offenbar werden. Die Schöpfung ist ja unterworfen der Vergänglichkeit – ohne ihren Willen, sondern durch den, der sie unterworfen hat –, doch auf Hoffnung; denn auch die Schöpfung wird frei werden von der Knechtschaft der Vergänglichkeit zu der herrlichen Freiheit der Kinder Gottes. Denn wir wissen, dass die ganze Schöpfung bis zu diesem Augenblick mit uns seufzt und sich ängstet" (Röm 8,19–22). Nach dieser Logik ist es nur konsequent, dass der 1. Petrusbrief sogar die irdischen Geburtsvorgänge der Menschen relativiert, indem er Gott lobt, „der uns nach seiner großen Barmherzigkeit wiedergeboren hat zu einer lebendigen Hoffnung durch die Auferstehung Jesu Christi von den Toten, zu einem unvergänglichen und unbefleckten und unverwelklichen Erbe, das aufbewahrt wird im Himmel für euch" (1. Petr 1,3–4). Alsbald macht dieser Petrusbrief klar, warum die neue Geburt (nicht zu verwechseln mit der Wiedergeburt) so leidenschaftlich imaginiert und damit faktisch die fleischlich-sexualbiologische Reproduktion für unbedeutend erklärt wird: Der Anbruch des Himmelreichs steht kurz bevor! „Dann

„Der Anbruch des Himmelreichs verzögert sich bis heute."

werdet ihr euch freuen, die ihr jetzt eine kleine Zeit, wenn es sein soll, traurig seid in mancherlei Anfechtungen" (1. Petr 1,6).

Es kam bekanntlich anders. Aus der kleinen Zeit ist eine sehr lange Zeit geworden. Der Anbruch des

Himmelreichs verzögert sich bis heute. Daraus folgt für Christen – sieht man einmal von Asketen und Zölibatären ab –, dass sie sich schon um der personellen Bestandssicherung willen weiterhin geschlechtlich betätigen können, müssen und nicht zuletzt auch dürfen. Weil aber die reproduktionstheologische Gleichgültigkeit des Christentums weiterhin besteht, hat jene geschlechtliche Betätigung keine besondere Glaubensrelevanz. Das mag, wer das ganze Leben an der Bibel ausrichten will, bedauern.

Man kann es aber auch viel positiver verstehen: Christen haben unter den Bedingungen der unerlösten Natur Sex, müssen aber nicht dauernd darüber reden und darum kein religiöses Bohei machen. Sexualität ist im christlichen Glauben eine im Grunde unspektakuläre (aber außerhalb der Theologie natürlich ausgesprochen reizvolle) Ausdrucksform unseres irdischen Menschseins, für die gilt, was für alle diese Ausdrucksformen gilt. Wir sind dabei frei und autonom, unterliegen freilich dem Gebot der Nächstenliebe und müssen alles, was wir da machen, in verantwortungsbewusster Rücksichtnahme auf die Wünsche, Voraussetzungen und Verletzlichkeiten unserer jeweiligen Partnerinnen oder Partner vollziehen. Ansonsten gibt es darüber nichts zu sagen.

Deshalb ist es unverständlich, warum ausgerechnet diejenigen, die sich für besonders christlich halten – die evangelikalen Protestanten und die traditionalistischen Katholiken – warum ausgerechnet diese Leute sich so intensiv mit den sexuellen Organen und Vorgängen befassen. Warum sich also konservative Katholiken in solcher Ausgiebigkeit mit Kondomen, mit Pille davor und Pille danach beschäftigen. Warum zahlreiche Pietisten ständig gegen Gleichgeschlechtlichkeit in Gesellschaft wie Kirche wettern und dabei außer Acht lassen, dass die lange Zeit bis zur Wiederkunft Christi menschenrechtliche Fortschritte ermöglicht und uns von den Homosexualitätsverdammungen der Spätantike befreit hat. Eine merkwürdige Unterleibsfixierung herrscht auch dort, wo Christen den ganzen Komplex der Reproduktionsmedizin durchforsten und dabei so tun, als sei die für Paulus doch unerlöste Natur unserer Fortpflanzung theologisch hoch bedeutsam, sakrosankt, und als seien menschliche Eingriffe in diese Fortpflanzung per se Verstöße gegen Gottes gute Schöpfungsordnung. Und als sei das Elektronenmikroskop ein theologisches Werkzeug.

Das Gegenmodell zu jenen Theologisierungen der genitalen und reproduktionsbiologischen Vorgänge schafft Gott selbst. Zusammen mit Josef, dem Mann der Maria. Dabei hat Josef kein kleines, kein mikroskopisches Problem, sondern ein riesengroßes, eines, das für einen Mann in der damaligen Gesellschaft von existenzieller Bedeutung war. Josef muss feststellen, dass seine Verlobte Maria schwanger ist. „Als Maria dem Josef vertraut war", so heißt es im ersten Kapitel bei Matthäus, „fand es sich, ehe er sie heimholte, dass sie schwanger war" (Mt 1,18). Und das, obwohl Josef nicht mit ihr geschlafen hat. Maria bekennt dies bei Lukas dem Engel auch selbst, sagt sie doch, dass sie „von keinem Manne weiß". Für Josef jedenfalls ist klar, dass sie von ihm nicht „weiß". Doch Gott gibt Josef zu verstehen: Lass mal gut sein. Es gibt Wichtigeres als Reproduktionsbiologie.

Das allerdings weiß Josef ein Stück weit schon selbst. Denn noch bevor er bei Matthäus von Gott darüber aufgeklärt wird, dass Maria vom Heiligen Geist schwanger wurde, entwickelt Josef einen Plan, der deutlich macht, dass Josef etwas kennt, was bereits innerweltlich wichtiger ist als die reproduktive Ehre des Josef: das Leben der Maria.

Erkennbar wird jener Plan im folgenden Satz: „Josef aber, ihr Mann, war fromm und wollte sie nicht in Schande bringen, gedachte aber, sie heimlich zu verlassen" (Mt 1,19). Das ist eine ausgesprochen ehrenhafte

Strategie. Sie bedeutet, dass Josef die unehelich schwangere Maria als seine Frau annehmen will. Denn das ist gemeint, wenn er vorhat, sie nicht in Schande zu bringen. Gebracht würde Maria in solche Schande, wenn Josef sie noch vor der offiziellen Hochzeit verließe. Dann müssten alle denken: Aha, Maria hat den Josef vorehelich betrogen, er hat's gemerkt, verstößt sie und lässt sie somit als Hure erscheinen. Huren aber droht die Steinigung. Das will Josef auf keinen Fall. Also nimmt er Maria zur Frau.

Weil er gleichwohl in seiner männlichen Ehre gekränkt ist, plant er, sie nach der Hochzeit „heimlich zu verlassen". Das ist die Kompromisslösung eines tugendhaften Gehörnten. Einerseits will er sich, beleidigt wie er ist, davonmachen. Doch weil er das heimlich erst nach der Hochzeit täte, würde er damit andererseits alle Schuld auf sich nehmen. Denn für die Öffentlichkeit sähe es so aus, als hätte er Maria geschwängert und geheiratet, danach aber sitzen lassen. Er wäre mithin der Treulose. Maria hingegen wäre die schuldlos Verlassene, die gewiss in eine schwierige materielle Lage geriete, aber keinesfalls gesteinigt würde und zudem stets auf den treulosen Josef verweisen könnte. Aus Josefs Perspektive bedeutet dies: Seine mit Ehrenvorstellungen besetzte Genitalität und genauso sein männlicher Ruf in der Gesellschaft müssen zurückstehen, wenn es um etwas Wichtigeres geht. Um das Leben dieser Frau Maria.

„Josef ist ein spezieller Fall. Für ihn ist das Träumen die einzige Möglichkeit des Erkennens.“

Dann aber, während Josef „das noch bedachte“, schickt Gott dem Josef im Traum einen Engel, der ihm zu verstehen gibt, dass es in diesem Fall etwas noch Wichtigeres gibt. Das Heil. „Josef, du Sohn Davids, fürchte dich nicht, Maria, deine Frau, zu dir zu nehmen; denn was sie empfangen hat, das ist von dem Heiligen Geist. Und sie wird einen Sohn gebären, dem sollst du den Namen Jesus geben, denn er wird sein Volk retten von ihren Sünden“ (Mt 1,20–21). So ist das also.

Wenn das so ist, dann wird das Sexuelle unbedeutend für Josef. „Und er berührte sie nicht, bis sie einen Sohn gebar“ (Mt 1,25). Lass mal gut sein!

Aber nicht für immer. Denn das Leben geht unabhängig vom Heil weiter. Es ist davon auszugehen, dass die an mehreren Stellen des Neuen Testaments genannten Geschwister Jesu von Josef gezeugt wurden, er also Maria später durchaus „berührt“ hat. Als es zuvor jedoch um große Theologie ging, bei Jesus, musste der gesamte Sexualitätskomplex mal zurückstehen, weil der theologisch nicht relevant ist. Es muss ja auch nicht alles theologisch relevant sein – und kann trotzdem weiter praktiziert werden.

Doch dass man über Sex nicht dauernd reden sollte, lässt sich an Josef noch in anderer Hinsicht lernen. Da geht es ums Träumen. Josef klären sich die reproduktiven Zusammenhänge im Traum auf. Als er schläft, belehrt ihn der Engel. Zwar ist das an sich nichts Besonderes, weil in der Bibel auch viele andere Personen im Traum den göttlichen Willen oder zukünftige Geschehnisse erfahren. Aber Josef ist ein spezieller Fall. Für ihn ist das Träumen die einzige Möglichkeit des Erkennens. Sein ganzes Denken scheint ein träumendes zu sein. Es ist höchst bemerkenswert, dass dieser Josef, der im Neuen Testament nur eine kleine Nebenrolle spielt und nach dem Tempel-Auftritt des zwölfjährigen Jesus (Lk 2,41 ff.) nichts mehr zu tun hat –, dass also dieser Josef in seiner kleinen Rolle gleich viermal träumt. Zuerst, als ihn der Engel über Marias Schwangerschaft aufklärt. Dann, als nach Jesu Geburt der König Herodes plant, alle Kinder in Bethlehem zu töten, und ein Engel den Josef auffordert, mit Frau und Kind nach Ägypten zu fliehen (Mt 2,13). Als die drei dort sind und die Gefahr vorbei ist, träumt Josef abermals und erhält die Weisung, zurückzukehren. Schließlich schickt ein Engel ihn mitsamt Familie „ins galiläische Land" (Mt 2,20 und 22). So wird deutlich: Dem Leben und dessen Herausforderungen stellt sich Josef träumend, imaginierend – sowie verantwortungsbewusst handelnd –, nicht aber palavernd.

Lässt sich Josef somit als ein Genie der träumenden Imagination bezeichnen, das aus dieser das ethisch gebotene Verhalten ableitet, so lässt sich zugleich erkennen, wie es um sein libidinöses Verhältnis zu Maria bestellt ist. Er träumt von ihr. Er sieht nicht einfach auf ihren dicken Bauch. Vielmehr ist er bereit und fähig, sich auf jene Träume einzulassen, die ihn als verunsicherten Verlobten befallen, und durch diese Träume etwas Anderes über die geliebte Frau zu erfahren. Auch das ist eine Abkopplung von der Reproduktionsbiologie, der Josef wie alle Menschen zwar weiterhin verhaftet bleibt, die aber an Relevanz verliert, wenn die liebende Imagination des Traums dem Schlafenden vor Augen führt, dass die Geliebte mehr ist als ihr Unterleib.

Insofern souveränisiert, emanzipiert sich Josef gegenüber der Reproduktionsbiologie. Damit steht Josef für eine zivilisierte, erwachsene Haltung gegenüber dem Geschlechtlichen. Aufgeklärte Bürger haben ja Sex und daran auch Spaß, unterwerfen aber den damit verbundenen Vorgängen nicht ihr ganzes Denken. Sie wissen: Das ist nicht alles. Sie verhalten sich also weder wie die zwanghaft plaudernden Sexualtechniker der Massenmedien noch wie deren Doppelgänger, die selbsternannten Frommen mit ihrer Unterleibstheologie. Zivilisierte Bürger pflegen gegenüber ihrer Geschlechtlichkeit eine Haltung aktiver Gelassenheit. Machen, ohne Aufhebens zu machen.

Dass Josef spezifisch zivilisiert ist, deutet die Bibel an, indem sie ihn in nicht zu übersehender Weise mit einer zivilisatorischen Großfigur des Alten Testaments verbindet, mit seinem Namensvetter Joseph. Der, eines der eigensinnigsten Individuen der gesamten Bibel, gelangt gleichfalls nach Ägypten und ist ebenfalls ein Genie der Träume, welche Joseph unter anderem beim Pharao zu deuten vermag. Auch eine vergleichbare Tatkraft entwickelt dieser Joseph, als er in Ägypten eine vorausschauende Vorratswirtschaft einführt, die das Land vor den tödlichen Folgen einer siebenjährigen Dürre bewahrt.

Diese Parallelität ermuntert zu einer Spekulation. So wie jener alttestamentliche Joseph mit der bedeutendsten Zivilisation seiner Zeit zu tun hatte, mit Ägypten, so könnte der neutestamentliche Josef intensiven Kontakt mit der bedeutendsten Zivilisation der Jesus-Epoche gehabt haben, mit Rom. Diese Spekulation lässt sich daraus entwickeln, dass Josef im griechischen Text des Neuen Testaments als „Tekton" bezeichnet wird (Mt 13,55), was nicht einfach „Zimmermann" bedeutet, sondern „Bauhandwerker", auch „Baumeister". Als solcher könnte Josef eine Menge Aufträge gehabt haben, und zwar in der Stadt Sepphoris, die nur acht Kilometer nördlich von Nazareth lag. Sepphoris war im Jahre 4 vor Christus von römischen Truppen unter Varus – den später die Germanen besiegten – im Zuge der Aufstandsbekämpfung völlig zerstört worden. Nach dieser Verwüstung wurde Sepphoris als hellenistische Metropole wiederaufgebaut. Man braucht nicht viel Fantasie, um sich vorzustellen, dass von diesem Bauboom ein Tekton erheblich profitierte. Eine reizvolle Vorstellung: Jesus, der das Judentum in der Konfrontation mit der imperialen Kultur Roms neu erfand, hatte zum Vater einen Mann, der für die römisch-griechische Moderne arbeitete. Und der ein Gespür dafür gehabt haben sollte, was zivilisiertes Denken und Verhalten ist.

Aus Schäfern werden Pastoren

Die Hirten haben in der Weihnachtsgeschichte viel mehr zu tun, als es zunächst den Anschein hat. Aber das Lamm Gottes pflegen – das dürfen auch sie nicht.

Kinder reißen sich nicht darum, Hirte zu sein. Mindestens Engel oder König wollen sie im Krippenspiel werden, am liebsten natürlich Maria oder Josef. Als Hirte hingegen muss auftreten, wer bei jenen begehrten Rollen leer ausgegangen ist. Hirten scheinen ja auch nicht viel zu tun zu haben. Sie gehen im zweiten Kapitel des Lukas-Evangeliums „auf dem Felde bei den Hürden" nur ihrer normalen Tätigkeit nach, hüten „des Nachts ihre Herde". Zwar widerfährt ihnen dann Spektakuläres, der Auftritt erst eines Engels und dann sogar der ganzen „Menge der himmlischen

Heerscharen". Aber die Hirten hören nur zu und sehen sich, so der allgemeine Eindruck, hernach das Kind an. Das klingt nicht nach einer bedeutsamen Rolle.

Aber lesen wir mal gründlicher. Eine erste Ahnung, dass bei den Hirten mehr zu entdecken sein könnte, erwächst aus dem, was die Engel singen: „Ehre sei Gott in der Höhe und Friede auf Erden bei den Menschen seines Wohlgefallens" (Lk 2,14). Anders als in der früheren, irrigen Übersetzung „den Menschen ein Wohlgefallen" wird bei „den Menschen seines Wohlgefallens" spürbar, dass die Hirten besondere Leute sein könnten. Gott mag sie. Unklar ist, warum, ob es an den Hirten liegt oder an Gottes Zuneigungsbereitschaft. Aber irgendetwas findet er an ihnen.

Alsbald zeigt sich, dass er mit ihnen eine Menge vorhat. Er will, dass sie zu den ersten Predigern des Evangeliums werden. Schon an der Krippe. Dort erläutern sie Maria und Josef sowie offenbar einigen anderen, was es mit diesem Kind auf sich hat. „Und sie kamen eilend und fanden beide, Maria und Josef, dazu das Kind in der Krippe liegen. Als sie es aber gesehen hatten, breiteten sie das Wort aus, das zu ihnen von diesem Kinde gesagt war. Und alle, vor die es kam, wunderten sich über das, was ihnen die Hirten gesagt hatten" (Lk 2,16–18). Man muss hier sorgfältig darauf achten, wo sich in diesen Versen die Hirten befinden. Im ersten Satz, klar, da sind sie beim Kind. Dann jedoch, „als sie es aber gesehen hatten“, möchte man zunächst denken, sie wären schon wieder weg und würden andernorts das Wort ausbreiten. Stimmt aber nicht. Sie sind immer noch an der Krippe. Erst zwei Verse später machen sie sich auf den Rückweg: „Und die Hirten kehrten wieder um, priesen und lobten Gott für alles, was sie gehört und gesehen hatten, wie denn zu ihnen gesagt war“ (Lk 2,20). Was sie aber vorher über die Worte der Engel erzählten, haben sie noch an der Krippe gesagt. Offenbar dort breiten sie das Wort aus, offenbar dort wundert man sich über das, was „die Hirten gesagt hatten“. Mithin sieht es ganz so aus, als seien die Hirten, informiert durch die Engel, die ersten Exegeten des Evangeliums, die allen anderen Betrachtern des Neugeborenen klarmachen, was hier vor sich geht. Ihre Exegese hat Wirkung: Noch bevor die Hirten in Vers 20 wieder zurückgehen, heißt es in Vers 19: „Maria aber behielt alle diese Worte und bewegte sie in ihrem Herzen.“ Haben die Hirten ihr ein tieferes Bewusstsein von dem vermittelt, was Maria bisher nur diffus erahnt hatte?

Jedenfalls spielen die Hirten hier eine außerordentlich wichtige Rolle, ja, man kann sagen, dass Gott ihnen einen emanzipatorischen Bildungsaufstieg ermöglicht hat. Aus Schäfern verwandeln sie sich in Theologen. Sie sind nicht Objekte, denen einfach etwas vorgesetzt wird, sondern werden Subjekte religiöser Rede, die ein größeres Publikum in Erstaunen versetzt: „Alle, vor die es kam, wunderten sich." Aber warum „alle"? Sind da an der Krippe außer den Hirten nicht bloß Maria und Josef (da die Könige erst später zu kommen scheinen), sondern auch andere Leute? Davon ist auszugehen.

Der Reihe nach. Lukas erzählt, dass in Bethlehem in jenen Tagen viel los war. Dahinter steckt eine historisch-theologische Strategie. Der Evangelist will Jesu Geburt in einem Massenauflauf des Volkes Israel un-

„In dem vollen Haus in Bethlehem dürfte sich, angeregt von den Hirten, eine vielstimmige theologische Diskussion entsponnen haben."

terbringen, in einem Massenauflauf, der umso größer wirkt, je weniger Platz dort für eine Wöchnerin und ihren Säugling ist. Wichtig ist diese Menschenansammlung dem Erzähler vor allem deshalb, weil sie den Bogen zur römischen Steuerschätzung schlagen soll, die dafür gesorgt habe, dass in Bethlehem alles ausgebucht ist. An jener Steuerschätzung ist Lukas offenbar deshalb gelegen, weil er damit zum einen die Geburt des Heilands sofort mal mit dem römischen Kaiser Augustus kurzschließen und zum andern die Heilige Familie nach Bethlehem bringen kann. Denn Jesus, der Mann aus Nazareth, braucht eine Geburtsurkunde der „Stadt Davids".

Jedenfalls: Da ist alles voll. Dass die Leute jedoch unfreundlich wären, dass herzlose Hoteliers Maria und Josef abgewiesen hätten, steht nicht im Text. Daher ist davon auszugehen, dass sich die Heilige Familie in einem Haus befindet, in dem es wegen einer Vielzahl von charakterlich völlig unauffälligen Gästen sehr eng ist. So eng, dass der Säugling in eine Futterkrippe gelegt werden muss, was immerhin den Vorteil hat, dass sich das Kind und auch seine Eltern in der Nähe der warmen Tiere befinden und somit – wenn sich die Geburt tatsächlich im Winter ereignet haben sollte – nicht frieren müssen.

Wenn es aber in dem Haus sehr voll war, so hat die Geburt eines Kindes in diesem Durcheinander wohl alle Gäste aufmerken lassen und sie dazu ermuntert, sich die junge Mutter mit dem Baby im Futtertrog mal anzusehen. Außerdem gebieten es Frömmigkeit und Anstand, den Eltern zu gratulieren. Daher wird einiges los gewesen sein rund um die Krippe. Und dann stoßen noch die Hirten dazu. Als Leute, die etwas wissen, was hier sonst keiner weiß: dass vorhin Engel mit einem spektakulären Auftritt die Geburt des Erlösers in dieser Nacht an dieser Stelle bekannt gegeben haben.

Deshalb versteht es sich von selbst, dass die Hirten, die durchs Auffinden des Kindes in der Krippe die Worte des Engels bestätigt sehen, nun diejenigen sind, die hier reden. Sie berichten über die Engel. Sie deuten anhand von deren Auftritt diese Geburt. Gewiss haben Maria und Josef zu dieser Deutung etwas beizutragen – da beiden ebenfalls Engel erschienen –, aber ansonsten können hier nur die Hirten reden. Alle anderen Gäste haben zunächst zuzuhören.

Sind die Hirten somit die Subjekte der Diskussionen an der Krippe, so hat man sie dringend aus der passiven Objektrolle zu befreien, in die sie durch zwei andere Deutungsmuster geraten sind. Das eine ist ein literarhistorisches, das sich aus der offenbar hellenistischen Bildung des Evangelisten Lukas herleitet. Dieser Autor dürfte literarische Beschwörungen des Landlebens gekannt und mit deren Hirten-Personal, so die These, sein Evangelium ausstaffiert haben. Das hat einiges für sich, kann aber nicht alles sein. Denn Lukas weist den Hirten eine eminente exegetische Funktion zu.

Die andere Festschreibung einer passiven Hirtenrolle ist die sozialgeschichtliche. Nach ihr soll Gott ein Bekenntnis zu den Armen abgelegt haben, indem er seinen Sohn zuerst von Hirten in einem Stall betrachten ließ. Dieses Argument ist schon in sich problematisch. Denn dass in einer Viehzüchtergesellschaft ausgerechnet Hirten als unterste Unterschicht gelten müssen, ist zu bezweifeln. Da hätte Gott im damaligen Palästina wohl genügend andere Leute finden können. Statt dass also in den Weihnachtsgottesdiensten die Prediger von den Hirten wie von fernen Anderen reden – den Armen am Rande der Gesellschaft, an die Gott auch denke –, müssten sich die Prediger wohl klarmachen, dass sie beim Reden über die Hirten über sich selbst sprechen. Über Pastoren. „Pastor" kommt aus dem Lateinischen und bedeutet „Hirte".

Die verkündigende Pastorenrolle spielen die Hirten bei Lukas in einem fast schon gemeindlich anmutenden Sozialkontext. In dem vollen Haus in Bethlehem dürfte sich, angeregt von den Hirten, eine vielstimmige theologische Diskussion entsponnen haben. Somit beginnt bei den Hirten an der Krippe die Spur, in der Petrus weitergehen soll, wenn ihn Jesus am Ende des

Johannes-Evangeliums in ritueller Formelhaftigkeit auffordert: „Weide meine Schafe“, und Petrus damit aus einem Fischer in den ersten Hirten, den ersten Pastor der nachösterlichen Zeit, verwandelt (Joh 21,15 – 17).

Sehr oft lädt die Bibel den Beruf der Hirten theologisch auf. Mal ist Gott der Hirte, der in Psalm 23 uns „auf einer grünen Aue“ weidet und „zum frischen Wasser“ führt. Mal ist Jesus der Hirte, der ein verlorenes Schaf sucht und, „wenn er’s gefunden hat, sich’s auf die Schultern voller Freude“ legt (Lk 15,5). Jesus ist aber auch jener Hirte, der „sein Leben für die Schafe“ lässt (Joh 10,11). Damit wird er in einer weiteren Assoziation zum Lamm, das geschlachtet wird.

Wenn aus dem Sein und Tun der Hirten in der Bibel derart lange und bedeutsame Assoziationsketten geschmiedet werden, mag es erlaubt sein, nach einem weiteren Glied zu suchen und zu fragen, ob Jesus unser Lämmchen sein könnte. Kann man, wenn Schäfer an der Krippe mit dem Jesusknaben stehen, sich vorstellen, dass dieses Kind genauso zum Gegenstand hütender und nährender Fürsorge wird wie ein Lämmchen des Hirten, des Pastors, dessen Name sich herleitet von lateinisch pascere, „weiden, nähren, aufziehen“?

Im weihnachtlichen Brauchtum gibt es Zeugnisse für den Impuls, dem Jesuskindchen einfach aus

Zuneigung und Rührung etwas Liebes zu tun. Zu finden sind diese Zeugnisse im Umfeld der Hirten. Da ist etwa deren Musik, dem Kind zur reinen Freude aufgeführt in Krippenspielen oder in mittelalterlichen Umzügen, die sich aus dem Eilen und Laufen der Hirten herleiteten. Bei diesen Umzügen trugen Kinder oft eine Wiege, in der eine festlich geschmückte Wachspuppe lag. Während diese gewiegt wurde, sang man beispielsweise „Lasst uns das Kindlein wiegen" mit Strophen wie dieser: „Lasst unser Stimmlein schallen. / Es wird dem Kindlein gefallen; / Lasst ihm ein Freudlein machen, / das Kindlein wird eins lachen. / O Jesulein süß!" Reines Juxen und Kichern mit einem Kleinkind.

Allerdings tut sich das Christentum, besonders das protestantische, schwer mit einer solchen Zuwen-

„Noch als Baby ist Gott nicht der Nehmende, sondern der Schenkende."

dung, bei der es nur um das Wohlergehen Jesu geht. So bezaubernd Paul Gerhardts Lied „Ich steh' an deiner Krippen hier" auch ist, so sehr irritiert, dass dort die Singenden nicht als Erwachsene gedacht sind, die sich für ein Baby verausgaben. Gewiss, da wird etwas geschenkt: „Nimm hin, es ist mein Geist und Sinn,/ Herz, Seel' und Mut, nimm alles hin/ und laß dir's wohl gefallen." Aber mal davon abgesehen, dass es sich um ausgesprochen immaterielle Gaben handelt – es sind gar keine eigenen Gaben. „Ich komme, bring' und schenke dir,/ was du mir hast gegeben", heißt es zuvor in derselben Strophe. Man kann Jesus gar nicht beschenken, weil alles, was man ihm gibt, von ihm kommt. Ihm gegenüber ergeht es uns wie den Kindern, die von den Eltern das Taschengeld bekommen, mit dem sie Weihnachtsgeschenke für die Eltern kaufen. Jesus etwas zu schenken, bedeutet nur, ihm für sein vorgängiges, unendlich viel größeres Geschenk unseres Lebens und seiner Gnade zu danken. Gewiss, darüber kann man sich aus christlicher Perspektive in keiner Weise beschweren. Aber angesichts eines Säuglings, der doch eigentlich unserer erwachsenen Stärke anbefohlen ist, wird schmerzlich bewusst, für wie klein die Bibel die Menschen im Vergleich mit Gott hält. Noch als Baby ist Gott nicht der Nehmende, sondern der Schenkende. Und Kind ist er nur, weil es zu seiner Menschenrolle gehört, erst einmal so heranzuwachsen, wie es den Irdischen aufgegeben ist. Dass er aber in dieser Menschenrolle schon beim Heranwachsen überhaupt nicht aufgeht, dass er sie in gewisser Hinsicht nur spielt, lehrt die letzte biblische Geschichte im Weihnachtszusammenhang, die vom zwölfjährigen Jesus im Tempel (Lk 2,41–52).

Maria und Josef sind zusammen mit ihrem Sohn nach Jerusalem gegangen, wo sie das Passahfest feiern. Doch „als die Tage vorüber waren und sie wieder nach Hause gingen, blieb der Knabe Jesus in Jerusalem und seine Eltern wussten's nicht". Dass Maria und Josef die Abwesenheit des Sohnes nicht bemerken, dürfte weniger an Ignoranz als daran liegen, dass sie offenbar in einer größeren Gruppe unterwegs sind. Sie denken, „er wäre unter den Gefährten", treibe sich also bei mitgekommenen „Verwandten und Bekannten" herum. Was er aber, wie Maria und Josef am Ende der ersten Tageswanderung feststellen, nicht tut.

Also beginnen sie Jesus zu suchen und gehen zurück nach Jerusalem. Erst nach drei Tagen finden sie Jesus. Denn er steckt an einem Ort, an dem verständige Eltern ein Kind tatsächlich erst dann suchen, nachdem sie alles andere abgeklappert haben. Er steckt im Tempel. Dort unterhält er sich mit „den Lehrern", und „alle, die ihm zuhörten, verwunderten sich über seinen Verstand und seine Antworten".

Als nun seine Eltern kommen und ihm Vorwürfe machen, weil sie ihn „mit Schmerzen gesucht" hätten, gibt er ihnen eine Antwort, in der sich weit mehr be-

„Man meint sie schon zu sehen, die Umarmungen bloß als Umarmungen, die Küsse um des Küssens willen."

kundet als das Selbstbewusstsein eines hochbegabten Kindes, das keine Lust auf Wanderungen mit „Verwandten und Bekannten" hat. Jesus bestreitet seinen menschlichen Eltern ihre Elternschaft: „Warum habt ihr mich gesucht? Wisst ihr nicht, dass ich sein muss in dem, was meines Vaters ist?" Der Zwölfjährige kündigt hier das menschliche Kindschaftsverhältnis auf.

Zwar geht er dann trotzdem wieder mit ihnen „nach Nazareth" und ist ihnen dort „untertan", aber durch die Worte im Tempel ist dieses Gehorchen als reines Rollenspiel entlarvt. Weil es sich so gehört, dass ein Zwölfjähriger bei den Eltern lebt und ihre Anweisungen befolgt, macht Jesus das noch, aber bereits abgesprochen hat er ihnen die elterlichen Rechte, ja, die Möglichkeit elterlicher Gefühle: „Warum sucht ihr mich?" Diese seine Frage im Tempel ist schon eine

Verneinung. Maria und Josef haben ihm gegenüber gar keinen Grund zu elterlicher Fürsorge und Besorgnis, sind hierzu weder berechtigt noch verpflichtet. Jesus braucht sie nicht, sie können nichts für ihn tun.

Man muss in der Bibel lange suchen, bis man zumindest auf Andeutungen stößt, dass der Spieß umgedreht werden könnte. Dass also nicht Jesus dauernd die Menschen beschenkt, sondern er in humaner Zuwendungsbedürftigkeit etwas annehmen könnte, das Menschen ihm in reiner Fürsorglichkeit widerfahren lassen. Zu den interessantesten Szenen in diesem Zusammenhang gehört die Salbung in Bethanien (Mt 26,6–13), wo Jesus kurz vor seiner Gefangennahme von einer Frau „mit kostbarem Salböl" übergossen wird. Das ist eine unzweifelhaft erotische Handlung. Sofort fällt den Jüngern auf, dass hier kein theologischer Sinn zu erkennen ist und Jesu Wohlergehen nicht zu seiner Rolle als Gottes Sohn passt. „Wozu diese Vergeudung?", fragen die Jünger und machen Jesus sowie der Frau Vorwürfe, dass der Verbrauch des Öls keinen religiösen Nutzen habe. Das Öl hätte doch „teuer verkauft und das Geld den Armen gegeben werden können".

Jesus weist das zurück. Die Armen hätten die Jünger alle Zeit. Ihn aber nicht. Da scheint es einen Augenblick lang, als wolle Jesus eine diakonisch-christliche Verwendung und damit theologische Sinngebung des Öl-Vergießens hintanstellen. Damit wenigstens ein Mal ihm als leiblichem Wesen etwas Angenehmes gespendet werden könne. In einer Handlung, die ihren Sinn in sich selbst trüge.

Sofort aber schwenkt Jesus um. Denn das „gute Werk“, das die Frau an ihm getan hat, soll nicht in der Liebkosung seines Körpers bestanden haben, sondern darin, dass sie den Körper „für mein Begräbnis“ vorbereitete. Die Salbung war mithin Arbeit am Erlösungswerk. Entsprechend fügt Jesus hinzu: „Wo dies Evangelium gepredigt wird in der ganzen Welt, da wird man auch sagen zu ihrem Gedächtnis, was sie getan hat.“

Dennoch ist hier eine Spur, dass Zuwendung zu Jesus etwas sein könnte, das wir ihm schenken, sodass er uns dafür dankbar sein müsste. Allerdings ist dies offenbar nur möglich gegenüber dem schon todgeweihten, zu begrabenden Körper. So sind auch die anderen Zuwendungsgesten der Bibel oder auch der Tradition stets solche des Bestattens: Beweinung, Pietà, Kreuzabnahme, Pflege des Leichnams. Das kann auch nicht anders sein. Der Körper, dem sich Menschen bei solcher Zuwendung zu Jesus widmen können, ist jener Körper, den der Christus opfern muss.

Hingegen steht sein neuer, auferstandener Körper für so etwas nicht mehr zur Verfügung. Auf herzzerreißende Weise muss dies Maria Magdalena am Ostermorgen lernen. Sie darf ihm keine Liebesgeste schenken (Joh 20,11–18). Ihre Begegnung mit dem Auferstandenen, den sie zunächst für den Gärtner hält, vibriert geradezu vom Verlangen nach kreatürlicher Hinwendung. Wie sie da am leeren Grab weint, weil sie glaubt, dass sie „meinen Herrn weggenommen“ haben, wie Jesus dann „Maria“ sagt und sie, ihn daran erkennend, „Rabbuni“ antwortet – all das ist voller sinnlicher Liebe, ein einziges Drängen sinnlich-körperlicher Energie. Man meint sie schon zu sehen, die Umarmungen bloß als Umarmungen, die Küsse um des Küssens willen. Aber es darf nicht sein. „Rühre mich nicht an“, sagt Jesus. Arme und Lippen zucken zurück. Keine Chance. Jesus braucht von uns, will von uns nichts, was nur ihm als Person gut täte und sonst keinen Sinn hätte. Menschen können nichts für ihn um seiner selbst willen tun. So bleibt hier am Ende ein Gefühl von Zurücksetzung. So viel der Gott der Bibel den Menschen auch zutraut, so sehr es ihn zu uns hinzieht, so sehr er uns erhöht und emanzipiert – geschenkt haben will er von uns nichts. Nach Art der Hirten weiden, nähren, aufziehen können wir nicht ihn. Sondern nur einander.

Der tödliche Fehler der Heiligen Drei Könige

Kinder werden ermordet, weil die Weisen auf Macht fixiert sind und zu Herodes laufen. Gut aber geht die Sache für die Königinnen von Saba und Äthiopien aus.

Tödliche Gefahr bringen sie nach Bethlehem. Weil sie zunächst gerade nicht nach Bethlehem gehen. Denn die Heiligen Drei Könige, man kann sie auch Weise aus dem Morgenland nennen, ziehen, befangen in traditionellen Herrschaftsvorstellungen, erst einmal nach Jerusalem. Zum König Herodes. Im zweiten Kapitel des Matthäus-Evangeliums können sie sich jenen „neugeborenen König der Juden", dessen Stern sie gesehen haben, nur in einem Machtzentrum vorstellen. Also fragen sie Herodes, wo das Kind sei, das sie anbeten wollen.

Damit setzen sie die Mechanik der Macht in Gang. Beim Stichwort „König der Juden“ erschrickt Herodes, weil er Konkurrenz befürchtet. Sogleich lässt er „zusammenkommen alle Hohenpriester und Schriftgelehrten“. Die stellen anhand prophetischer Schriften fest, dass der Säugling jener „Fürst“ sein muss, der laut Weissagung das „Volk Israel weiden“ und in Bethlehem zur Welt kommen soll.

Sofort schickt Herodes die drei Weisen nach Bethlehem und sagt ihnen voller Tücke: „Zieht hin und forscht fleißig nach dem Kindlein; und wenn ihr's findet, so sagt mir's wieder, dass auch ich komme und es anbete.“ Anbeten? Ermorden will er das Kind.

Gott aber fährt dazwischen. Nachdem die drei Könige in Bethlehem das Kindlein angebetet und beschenkt haben, befiehlt Gott ihnen im Traum, „nicht wieder zu Herodes zurückzukehren“. Sie gehorchen und ziehen „auf einem andern Weg wieder in ihr Land“. Als jedoch Herodes merkt, dass die drei sich ihm entzogen haben, entwirft der König einen teuflischen Plan. Weil er nicht weiß, welches Kind in Bethlehem das königliche ist, befiehlt er, gleich alle kleinen Kinder dort zu töten. Der Jesusknabe allerdings entgeht dem Morden. Gott nämlich interveniert neuerlich, schickt einen Engel zu Josef und lässt ihm sagen, dass er mit Maria und dem Jesuskind nach Ägypten fliehen solle.

Eine hochdramatische Geschichte. Zuerst ein Fehler von drei verblendeten Königen, dann Tücke und Finten, schließlich ein Massenmord und eine Flucht. Mit voller erzählerischer Wucht bringt Matthäus gleich zu Beginn von Jesu Lebensgeschichte ins Spiel, was Jesus später immer aufs Neues infrage stellen wird: Macht und die Gefahr, die von ihr ausgeht. Der Evangelist Matthäus aber leistet noch mehr. Sehr klug stellt er dar, wie leicht man ins System der Macht hineingerät. Es sind ja die drei Weisen, die in ihrer naiven Orientierung an vorgefundenen Machtverhältnissen schnurstracks zu Herodes gehen und damit erst den Schrecken auslösen.

Mithin erzählt Matthäus hier eine Geschichte vom falschen und vom richtigen Weg. Der falsche Weg ist der Hinweg, der die Könige ins Machtzentrum führt. Der richtige Weg ist erst der Rückweg, auf dem die drei den König Herodes meiden. Christen werden also heißt für sie, fortan der Macht auszuweichen. Die drei Könige müssen erst lernen, dass der Glaube an Jesus eine Absage an hergebrachte Machtverhältnisse ist, mithin auch eine Möglichkeit, autonom zu werden. Dass es folglich bei den dreien auf den Rückweg ankommt – weg von Bethlehem und nach Hause in ihr eigenes Leben –, wird noch zu thematisieren sein.

„Östliche Weisheit verneigt sich vor dem König der Juden. Dieser erringt zugleich die Schätze des Ostens.“

Zunächst aber muss man festhalten, dass Matthäus ein traditionelles Erzählmuster der Bibel aufgreift und entscheidend umdeutet. Es ist das Muster vom Königsbesuch, das im Alten Testament bezaubernd vorgeprägt ist im Besuch der Königin von Saba beim König Salomo. Im 1. Buch der Könige (Kapitel 10) und ganz ähnlich im 2. Buch der Chronik (Kapitel 9) wird berichtet, wie diese Dame aus einem sagenhaft reichen Orient nach Jerusalem kommt und den dortigen König preist. Salomo, so sagt sie ihm bewundernd, übe „Recht und Gerechtigkeit“, und er habe „mehr Weisheit und Güter, als die Kunde sagte, die ich vernommen habe“. Besonders wichtig ist dabei die Weisheit. Denn die Königin, bewandert in Geheimlehren des Orients, war gekommen, „um Salomo mit Rätselfragen zu prüfen“. Die weiß er sämtlich zu beantworten: „Es war dem König nichts verborgen, was er ihr nicht hätte sagen können." Somit ist hier vorgeprägt, was auch beim Besuch der drei Weisen aus dem Morgenland in Bethlehem thematisiert wird: Östliche Weisheit verneigt sich vor dem König der Juden. Dieser erringt zugleich die Schätze des Ostens. Wie die Königin von Saba dem König Salomo „hundertundzwanzig Zentner Gold und sehr viel Spezerei und Edelsteine" schenkt, so legen die drei Könige dem Jesuskind „Gold, Weihrauch und Myrrhe" an die Krippe.

Matthäus also setzt sich mit einem alten Erzählmuster auseinander. Zunächst zeigt er stolz, dass es bei Christen so etwas auch gibt, Jesus ebenfalls Geschenke bekommt. Doch zugleich, indem Matthäus die drei Männer aus dem Morgenland zu Auslösern des Verderbens werden lässt, macht er deutlich, dass an solchen Königserzählungen mittlerweile etwas faul ist. Dass ein Wurm drinsteckt. Der Wurm gefährlicher Machtfixierung. Zwar stellen auch die drei Weisen bei Herodes dem König in Jerusalem eine Rätselfrage, nämlich wo der neue „Fürst" geboren sei, eine Frage, die Herodes dank seinen Gelehrten zu beantworten weiß. Doch genau dieses Frage-und-Antwort-Spiel ist jetzt ein tödliches Problem. Insofern nimmt Matthäus der Geschichte von der Königin von Saba die Unschuld. Was bei ihr im Alten Testament als Verehrungsinszenierung bezauberte, erscheint bei den Heiligen Drei Königen als Fixierung auf eine zerstörerische Macht.

So wird die Königin von Saba durch Matthäus relativiert. Zum einen, weil das neutestamentliche Verdoppeln des Motivs vom Königsbesuch ihr die Einzigartigkeit in der Bibel nimmt. Zum andern und vor allem, weil die von der Königin tadellos verkörperte Herrschaftlichkeit von Matthäus unter den Verhältnissen im Römischen Reich infrage gestellt werden muss. Daher scheint es, als sei die Zeit dieser Frau jetzt vorbei.

Doch das scheint nur so. Denn derselbe Matthäus lässt im 12. Kapitel den Heiland selbst an die Königin erinnern. Jesus weist da die Schriftgelehrten und Pharisäer zurück, die von ihm als Beweis seiner Auserwähltheit ein Zeichen fordern. Jesus lehnt das ab und sagt, solche Zeichen könne nur „ein böses und abtrünniges Geschlecht“ verlangen. Dieses Geschlecht werde dereinst beim Jüngsten Gericht „von der Königin vom Süden“ verdammt. „Sie kam vom Ende der Erde, um Salomos Weisheit zu hören. Und siehe, hier ist mehr als Salomo.“

Soll heißen: Die Königin von Saba hatte im Unterschied zu den Schriftgelehrten und Pharisäern begriffen, dass es nicht auf Wunder ankommt. Vielmehr wusste sie, dass Weisheit entscheidend ist, die sie bei Salomo fand. Und solche Weisheit weiß Jesus in noch viel höherem Maße als Salomo zu predigen. Faktisch macht sich Jesus hier die Königin von Saba zur Verbündeten in der Weisheitsliebe. Das ist eine sehr erfreuliche Nachricht für die Königin und alle, die sich von ihr bezaubern lassen.

Was Jesus den Pharisäern sagt, hat eine räumliche Dimension. Denn die Wunder, denen sich Jesus verweigert, könnte er in diesem Zusammenhang nur an dem konkreten Platz vollbringen, an dem er gerade steht. „Zeichen" sind etwas Lokales. Davon aber hält Jesus wenig. Die für ihn viel wichtigere Weisheit hingegen, seine Lehre, ist nicht an einen einzelnen Ort gebunden, sondern universal. Sie umfasst den ganzen Raum der Welt und wird auch verstanden am „Ende der Erde", wo Frauen wie die Königin von Saba leben. Damit stößt Jesus die Tür auf für den Weg hinaus in die Welt, also für den Rückweg der Heiligen Drei Könige. Und von genau diesem Rückweg handelt die nächste Auseinandersetzung mit dem Motiv des Königsbesuches im Neuen Testament.

Gemeint ist die Erzählung vom Kämmerer aus Äthiopien in der Apostelgeschichte (Apg 8,26–39).

Sie spielt in der Zeit nach Jesu Tod und Auferstehung. Jener Kämmerer, ein Jude, ist nach „Jerusalem gekommen, um anzubeten", und befindet sich wieder auf der Heimreise nach Äthiopien. Dort ist er ein „Mächtiger am Hof der Kandake, der Königin von Äthiopien, welcher ihren ganzen Schatz verwaltete". Da ist sie wieder, die reiche Königin aus exotischen Sphären.

Während dieser Kämmerer auf den ersten Kilometern des Heimwegs ist, erhält der Christ Philippus von einem Engel den Auftrag, jenen Kämmerer ein Stück des Weges zu begleiten und mit ihm zu plaudern. Worüber, ist klar, jedenfalls bei einem Mann aus solchen Weltgegenden: über Rätselhaftes. Denn damit beschäftigt sich der Kämmerer gerade. Er liest unterwegs im Propheten Jesaja und stößt auf die Stelle vom „Schaf, das zur Schlachtung geführt wird", dessen Urteil aber „aufgehoben" und „dessen Leben von der Erde weggenommen" werde.

Der Kämmerer versteht nicht, wer damit gemeint sein könnte. Doch Philippus, ganz ähnlich wie damals Salomo bei den Rätselfragen der Königin von Saba, weiß die Lösung. Die lautet jetzt: Jesus Christus! Der ist das Lamm, das geschlachtet und erhöht wurde. Folglich predigt Philippus dem Kämmerer „das Evangelium von Jesus". Alsbald lässt sich der Kämmerer von Philippus in einem Gewässer am Wegesrande taufen. Hernach zieht er „seine Straße fröhlich".

Und zwar weiter nach Äthiopien. Womit das Motiv des Königsbesuchs in Jerusalem umgedreht wird. Wurde bislang von verehrungsvollen Reisen ins Heilige Land erzählt, so geht es nun ums heiligende Reisen in fernes Land. An die Stelle zentrierenden Erzählens – alle kommen nach Jerusalem – tritt ein dezentrierendes, das davon handelt, wie die Christen die Botschaft in die Welt tragen. Der Kämmerer nach Äthiopien, Paulus und die anderen Apostel ins ganze Römische Reich.

„Doch Jesus ist auferstanden. Er hat das Grab verlassen, sodass es auf dieses nicht mehr ankommt."

Das geht nur, weil es kein Grab gibt. Wäre die Geschichte Jesu mit seinem Tod zu Ende gewesen, so hätten seine Anhänger sein Grab bestimmen, ein großartiges Zentralheiligtum darüber errichten und dann Lokalitätskulte zelebrieren müssen. Alle müssten dauernd dorthin pilgern. In anderen Religionen gibt es so etwas. Es verleiht ihnen einen Zug ins Fixierende, auch Identifizierende: Gläubige sind diejenigen, die an einem Ort versammelt werden.

Doch Jesus ist auferstanden, er hat das Grab verlassen, sodass es auf dieses nicht mehr ankommt. Als die Frauen am Ostermorgen zum Grab kommen, spricht der Engel zu ihnen: „Ich weiß, dass ihr Jesus, den Gekreuzigten sucht. Er ist nicht hier" (Mt 28,5,6) – hic non est, wie es in der lateinischen Übersetzung heißt. Weil er nicht im Grab ist, sollen die Frauen „eilends" laufen, um es den Jüngern zu erzählen (Mt 28,7). Kettet euch nicht an diesen Ort, lautet später Jesu Botschaft, sondern geht fort, „gehet hin und machet zu Jüngern alle Völker" (Mt 28,19). Somit drehen sich die Richtungen um. Nicht mehr das Herankommen ist entscheidend, sondern im Hinweggehen liegt das Heil. „Daher der sogenannte Universalismus der Kirche", schreibt der Literaturwissenschaftler Robert Harrison und fährt fort: „Die über kulturelle und geographische Grenzen hinweg stattfindende Verbreitung des christlichen Kerygma, das potentiell an jedem Ort zu Hause ist, hat ihre theologische Basis in der utopischen Transitivität des hic non est. Anstatt an einen heiligen Ort gebunden zu sein – mit all der Lokalisierung und parteiischen Besonderheit, die Heldengräbern gewöhnlich anhaftet –, dehnt die Kirche ihre Verkündung auf die fernsten Enden der Erde aus. (...) Als die institutionelle Entsprechung des Sieges Christi über das Grab kann die Kirche ihre spirituellen Fundamente überall legen."

Diese Utopie präludiert die Geschichte von den Heiligen Drei Königen. Wahrhaft gut ist deren Weg erst, als sie wieder weggehen, vorbei an der herodianischen Lokalisierung der Macht in Jerusalem. Als freie Individuen autonom geworden, ziehen sie hin „in ihr Land". Wobei man für sie hoffen möchte, dass dort weise Frauen warteten. Frauen von der Art jener äthiopischen Kandake, der jener Kämmerer erzählt haben dürfte, was er auf dem Rückweg von Jerusalem erlebt hat. Dass ihr der Kämmerer davon erzählte, ist ziemlich sicher: Die Äthiopier wurden sehr früh Christen.

Schön weit weg

Der Stern über Bethlehem ist ein Wegweiser. Mehr nicht. Gott ist nicht am Firmament, sondern unten bei den Menschen. Wo es nachts funkelt.

Eines machen aus biblischer Sicht die drei Weisen von Anfang an richtig: Sie ordnen ein Himmelsphänomen, einen auffälligen Stern, dem „neugeborenen König der Juden" zu (Mt 2,2). Zwar sind solche astrologischen Lesefähigkeiten dem Juden- und Christentum nicht sonderlich wichtig. Aber wenn sich einmal Ungeheures ereignet, kann sich dieses durchaus in Konstellationen am Himmel mitteilen. Die Bibel überlässt es dann gern Menschen aus anderen Kulturkreisen, die Zeichen zu deuten. Als während Jesu Kreuzestod „eine Finsternis über das ganze Land" kommt, sprechen der vermutlich römische Hauptmann und seine Leute die Bedeutung aus: „Wahrlich, dieser ist Gottes Sohn gewesen!“ (Mt 27,54). Als zu Jesu Geburt ein neuer Stern am Himmel erscheint, müssen Weise aus dem Morgenland kommen, um ihn zu entziffern, weil sich die Bibel selbst nicht so gern mit solcher Astrologie abgibt. Vielleicht sind solche Phänomene in der Bibel generell nur ein Fremdsprachenservice für Menschen aus anderen Religionssystemen: Ihnen teilt Gott sich in ihren zeichensprachlichen Systemen mit.

Bei den Weisen gelingt Gott das. Sie verstehen, worum es geht. Um Gottes Sohn. Das funktioniert aber nur, weil ihre Astrologie eine sehr spezielle ist und im Dienst der Gottesverehrung steht. Nach Bethlehem kommen die Weisen nicht in esoterischem Interesse an stellaren Energieflüssen, nicht in naturreligiöser Anbetungsabsicht gegenüber einem Stern. Vielmehr geht es ihnen um Gott und den von ihm eingesetzten König der Juden. Sie sind „gekommen, ihn anzubeten“. Den Stern deuten die Weisen also nur, um mit dessen Hilfe auf Gott zu stoßen. Die dienende Rolle des Sterns drückt sich auch darin aus, dass er für die Weisen das Attribut des Neugeborenen ist. Als „seinen“ Stern bezeichnen sie das Himmelslicht. Vorgängig ist Jesus.

Ihm wird dann ein Stern zugeordnet. Als Auszeichnung, als Beigabe.

Bloß hinführend. Matthäus veranschaulicht dies szenisch. Durch die Gegend schickt er die Könige wie Wanderer, die sich bei dürftiger Ortskenntnis an einer Landmarke zu orientieren versuchen. Zunächst laufen sie aus ihrer Heimat dem Stern hinterher nach Israel. Dort verlieren sie ihn aber aus den Augen, weil sie sich zwischenzeitlich nicht vom Stern leiten, sondern von Machtsymbolen verleiten lassen, zu Herodes. Verblendet wie sie dort sind, können sie in Jerusalem den Stern offenbar nicht sehen. Erst als sie weiter nach Bethlehem ziehen, geht der Stern „vor ihnen her, bis er über dem Ort stand, wo das Kindlein war". Nur als Wegweiser spricht der Stern zur Seele. Dass die Weisen „hocherfreut" sind bei seinem Anblick, liegt nicht am Stern, sondern an Jesus, auf den er verweist. So wie wir alle ein bestimmtes Gebäude oder auch einen Baum einfach deshalb lieben, weil wir wissen, dass es von dort aus nicht mehr weit nach Hause, dass die Reise bald überstanden ist.

Von Orientierungspunkten, als die des Nachts die Sterne interpretiert werden können, auf irdische Routen zu schließen, gehört zu den größten Kulturleistungen der Menschen. Von Urzeiten an haben sie die

Sterne immer auch in nüchternem Interesse betrachtet: Wo ist Norden, wohin müssen wir gehen? Ohne Navigation anhand der Sterne keine Seefahrt, keine Migration, keinen Fernhandel, kein Erkunden des Neuen und auch kein Auffinden besonderer Kinder. Es gibt nicht viel, was den Zivilisationsprozess so sehr beförderte wie der analysierende Blick auf die Sterne.

Solche Analytik dürfte kulturgeschichtlich erleichtert worden sein durch den Verzicht auf Vergottung der Sterne. Am Anfang der jüdisch-christlichen Tradition, die den prüfenden Blick auf Naturphänomene außerordentlich stark begünstigte, steht das göttliche Verbot, die Sterne anzubeten. „Hebe auch nicht deine Augen auf gen Himmel, dass du die Sonne sehest und den Mond und die Sterne, das ganze Heer des Himmels, und fallest ab und betest sie an und dienest ihnen. Denn der HERR, dein Gott, hat sie zugewiesen allen andern Völkern unter dem ganzen Himmel" (5. Mose 4,19). Dieses Verbot, verwoben mit dem bemerkenswerten Hinweis auf die Zugänglichkeit der Natur für alle Menschen aller Religionen, hat eine entlastende Wirkung auf unser Verhältnis zu den Sternen. Wenn Gott nicht will, dass wir sie anbeten, mag das zwar seiner Eifersucht auf andere potenzielle Götter geschuldet sein. Doch diese Eifersucht nutzt den Menschen. Sie zwingt uns zu verstehen, dass der Kosmos keine Wunder bereithält und man ihn deshalb nüchtern betrachten kann. Nüchternheit dient der Wissenschaft. Durch sie lässt sich lernen, dass es ein großer Segen ist, die Sterne nicht als Gottheiten anbeten zu müssen. Einen Gott, der alles zermalmt, was sich ihm nähert, der explodiert und sich in exoti-

„Einen Gott, der explodiert und sich in exotische Horrorgebilde wie Schwarze Löcher verwandelt – einen solchen Gott möchte man nicht haben.“

sche Horrorgebilde wie Neutronensterne oder Schwarze Löcher verwandelt – einen solchen Gott möchte man nicht haben. Wenn Religiosität das Bemühen um Annäherung an Großes ist, dann wird man davon gegenüber Sternen entschieden abraten müssen. Auch unser eigener Stern, die Sonne, ermöglicht das Leben nur deshalb, weil die Erde weit von ihr entfernt ist und mit diversen Schutzmechanismen gegen ihre zerstörerischen Kräfte ausgestattet ist.

Kämen die Sterne uns nahe, so wäre es mit allem vorbei. Das Ende der Welt. Jesus beschreibt dies: „Sogleich aber nach der Bedrängnis jener Zeit wird die Sonne sich verfinstern und der Mond seinen Schein verlieren, und die Sterne werden vom Himmel fallen und die Kräfte der Himmel werden ins Wanken kommen" (Mt 24,29). Entsprechend heißt es in der Apokalypse des Johannes über die Ereignisse nach Öffnung des sechsten Siegels: „Da geschah ein großes Erdbeben, und die Sonne wurde finster wie ein schwarzer Sack, und der ganze Mond wurde wie Blut, und die Sterne des Himmels fielen auf die Erde, wie ein Feigenbaum seine Feigen abwirft, wenn er von starkem Wind bewegt wird" (Offb 6,12 – 13). In solchen Apokalypsen zeigt sich: Dem Christentum ist bewusst, dass Menschen, solange sie auf Erden leben, sehr großen Abstand zu den Sternen halten müssen.

Eine geistige Ausdrucksform dieses Abstands ist das Deuten. Wer einem Phänomen eine Bedeutung zuschreibt, gibt implizit zu, des Phänomens selbst nicht habhaft zu sein, es nicht gestalten zu können, sondern ihm bloß gegenüberzustehen im Bemühen, sich einen Reim darauf zu machen. Deshalb sind die Weisen weise. Sie machen mit dem Stern das Einzige, was in ausgehaltener Ferne möglich ist. Sie sehen ihn an und interpretieren ihn. Dass bei dieser Interpretation die Gefahr der Beliebigkeit besteht, dass die

Bedeutungszuschreibung reine Glaubenssache ist, spricht für das Verfahren. Denn Beliebigkeit, die mit jedem Kilometer zum Deutungsobjekt zunimmt, ist die notwendige Folge des unter Abstandsbedingungen erforderlichen Interpretierens. Wer Sicherheit wollte, müsste in die Sterne stürzen.

Insofern kann, wer mag, es als göttlichen Wink verstehen, dass niemand zu sagen vermag, welches konkrete kosmische Ereignis sich hinter dem Stern von Bethlehem verbirgt. Im Angebot stehen unter anderem der Halleysche Komet, eine komplexe Konstellation von Sonne, Jupiter, Venus und Mond, die Nova-Explosion eines Sterns oder Konjunktionen von Venus und Jupiter. Durchweg Spekulationen. Mithin hat hier nicht erst die Interpretation etwas Beliebiges, sondern schon das Phänomen. Sollte Gott dafür verantwortlich sein, so wäre er zu loben. Er scheint nicht zu wollen, dass die Sterne dem religiösen Denken zur Eindeutigkeit verhelfen. Vielmehr soll dieses dazu verdonnert bleiben, den Himmelsphänomenen in interpretativer Unsicherheit gegenüberzustehen.

Zu loben aber ist Gott, so wie er in der Bibel dargestellt wird, vor allem dafür, dass er die Menschen erst gar nicht unter den Druck setzt, zu Großem sich hin zu bewegen. Vielmehr macht er selbst sich klein und begibt sich zu den Menschen, damit die bleiben können, wo sie es aushalten, auf der Erde, fern von den Sternen. Diese Richtungsumkehr vollzieht Matthäus in einem einzigen Satz: „Als sie den Stern sahen, wurden sie hocherfreut und gingen in das Haus und fanden das Kindlein mit Maria, seiner Mutter." Vom Himmel hoch hinunter zur Krippe. Hier unten ist das Relevante. Entscheidend ist die Menschenwelt.

Wer von ihr aus dann wieder nach oben blickt, kann, weil da das Entscheidende nicht ist, bei der Betrachtung des Himmels eigenen Bedürfnissen folgen. Bedürfnissen etwa nach Navigation. Oder nach Metaphern für Gottes Wirken, aus denen Paulus grandiose Bilderreihen konstruiert, wenn er über die Auferstehung des Fleisches schreibt: „Nicht alles Fleisch ist das gleiche Fleisch, sondern ein anderes Fleisch haben die Menschen, ein anderes das Vieh, ein anderes die Vögel, ein anderes die Fische. Und es gibt himmlische Körper und irdische Körper; aber eine andere Herrlichkeit haben die himmlischen und eine andere die irdischen. Einen andern Glanz hat die Sonne, einen andern Glanz hat der Mond, einen andern Glanz haben die Sterne; denn ein Stern unterscheidet sich vom andern durch seinen Glanz. So auch die Auferstehung der Toten. Es wird gesät verweslich und wird auferstehen unverweslich“ (1. Kor 15,39 – 42). Nichts ist hierin über das Wesen der Sterne ausgesagt, Paulus beansprucht nicht sie zu verstehen. Vielmehr widmet er sich dem, was sich nur in der Ferne zeigt, dem Glanz, der dem Paulus ein Beispiel ist. Den jeder Stern für sich hat. Und der das Einzige ist, das wir an den Sternen haben. Gerade also indem Paulus die Sterne religiös metaphorisiert, wertet er ihren Schein auf und lädt dazu ein, den Glanz zu betrachten. Dieses genießende Betrachten der Sterne gelingt besonders gut, weil sonst dort oben nichts ist. Gott jedenfalls ist unten, bei den Menschen. Die Sterne betrachten heißt mithin aus christlicher Perspektive, würdigen, dass Gott lieber im Kleinen ist, also dort, von wo aus sich betrachten lässt, wie die fernen Sterne funkeln. Deshalb ist es kein Kitsch, sondern der Bibel angemessen, dass wir uns zu Weihnachten überall Sterne hinhängen.

Anmerkungen

Seite 016 *„eben weil es eine unleugbare Fehlschöpfung war, in ehrwürdigem Eigensinn noch ganz besonders sein Herz hängte und ihm eine alle Himmel verletzende Angelegentlichkeit zuwandte"* in: Thomas Mann: Joseph und seine Brüder. Frankfurt/Main, S. Fischer, 2007, S. 930.

Seite 016 *„die Strafe als Mittel zu weiterer Erhöhung und Begünstigung missbrauchte"* in: Ebd., S. 933.

Seite 030 *Die Kulturwissenschaftlerin Jutta Person hat unlängst beschrieben, was wir über diese Tiere wissen und wie sie von uns Menschen gedeutet werden.* Vgl. Jutta Person: Esel. Berlin: Matthes & Seitz 2013.

Seite 056 *„wird nicht einseitig gewesen sein"* in: Christoph Türcke: Jesu Traum. Psychoanalyse des Neuen Testaments. Springe: zu Klampen, 2009. S. 93f.

Seite 060 *„Wäre ich der zuständige Polizeikommissar gewesen mit dem Auftrag, das Verschwinden der Leiche eines prominenten Mannes aufzuklären, wäre ich zu dem Ergebnis gekommen, das sei bei diesen Zeugenaussagen unmöglich."* in: Kurt Flasch: Warum ich kein Christ bin. Bericht und Argumentation. München: C. H. Beck 2013, S. 126.

Seite 067 *„eine Verkündungsform, die bewirkt, was sie sagt"* in: Bruno Latour: Jubilieren. Über religiöse Rede. Übers. v. Achim Russer. Frankfurt/Main: Suhrkamp 2011. S. 236.

Seite 068 *„die Attribute lebendig werden zu lassen"* in: Ebd., S. 178.

Seite 093 *„Lasst uns das Kindlein wiegen" mit Strophen wie dieser: „Lasst unser Stimmlein schallen. / Es wird dem Kindlein gefallen; / Lasst ihm ein Freudlein machen, / das Kindlein wird eins lachen. / O Jesulein süß!"* Vgl. Ingeborg Weber-Kellermann: Das Buch der Weihnachtslieder. Mainz u. a.: Schott, 1982, S. 37ff.

Seite 109 *„Die über kulturelle und geographische Grenzen hinweg stattfindende Verbreitung des christlichen Kerygma (...) Als die institutionelle Entsprechung des Sieges Christi über das Grab kann die Kirche ihre spirituellen Fundamente überall legen."* In: Robert Harrison: Die Herrschaft des Todes. Übers. von Martin Pfeiffer. München: Hanser 2006. S. 167.